1998. 8. 29. 오후 6시 30분경
청계산 정토사 "제2회" 연꽃축제 도중
서쪽하늘에서 사자를 탄 관세음보살님이
연꽃을 들고 출현 하셨다.
(방이섭 거사 촬영)

반주삼매경《般舟三昧經》

삼장 지루가참(三藏 支婁迦讖) 한역(漢譯)
무심보광(無心普光) 국역(國譯)

여래장(如來藏)

목 차

반주삼매경 / 상 권 ························· 7
  제1 문사품(問事品) ···················· 8
  제2 행 품(行 品) ···················· 24
  제3 사사품(四事品) ···················· 40
  제4 비유품(譬喩品) ···················· 50
반주삼매경 / 중 권 ························· 65
  제5 무착품(無着品) ···················· 66
  제6 사배품(四輩品) ···················· 77
  제7 수결품(授決品) ···················· 93
  제8 옹호품(擁護品) ···················· 112
  제9 찬라야불품(羼羅耶佛品) ········ 123

반주삼매경 / 하 권 ……………………………… 133
    제10 청불품(請佛品) ………………… 134
    제11 무상품(無想品) ………………… 154
    제12 십팔불공십종력품 ……………… 160
        (十八不共十種力品)
    제13 권조품(勸助品) ………………… 164
    제14 사자의불품(師子意佛品) …… 169
    제15 지성불품(至誠佛品) ………… 179
    제16 불인품(佛印品) ……………… 186
般舟三昧經(漢譯) ………………………………… 189
반주삼매경 연구 ………………………………… 262
번역후기 ………………………………………… 299

반주삼매경《般舟三昧經》[1]
상 권

무심 보광 국역

---

[1] 일명 十方現在佛悉在前立定經(시방현재의 부처님이 모든 사람 앞에 서 계시는 삼매경)

제1 문사품(問事品)

　부처님께서 왕사성 죽림정사2)에 계실 때 대비구승 오백인은 모두 아라한과를 증득하였으나, 오직 아난존자만이 여기에 이르지 못하였다. 이 때 발타화3)라고 하는 보살이 있었는데, 그는 오백 보살들과 함께 오계를 수지하였다. 보살들은 해가 질 무렵에 부처님 계시는 곳에 나아가서 먼저 부처님 발에 머리를 조아려 예배하고 물러나 한쪽에 앉았다.

　또한 오백 명의 사문들도 함께 부처님의 처소에 이르러 예배하고 한쪽에 앉았다. 그때 부처님께서 위신력을 나투시니 멀리서도 오지 않은 비구들이 없었다. 바로 이때 십 만의 비구들이 함께 부처님 계시는 곳에 와서 예배하고 한쪽에 앉았다.

　다시 부처님께서 위신력을 나투시니 마하파사파제

---

2) 羅閱祇 摩訶桓 迦憐은 왕사성 죽림정사임.
3) 颰陀和(Badrapāla): 賢護라 번역됨. 이 『般舟三昧經』의 주역 보살로서 재가 거사임.

비구니가 삼 만의 비구니와 함께 부처님 계시는 곳에 와서 예배하고 한쪽에 앉았다. 또 부처님께서 위신력을 나투시니 나트나카라보살은 바이사리국에서 왔고, 교일도보살은 참파국(占波)에서, 나라다트보살은 바라나시국에서, 산드히보살(須深)은 가비라국(加羅衛)에서, 마하수살화보살(摩訶須薩和)과 급고득장자는 함께 사위국에서, 인드라타보살(因坻達)은 코삼비국(鳩晱彌)에서, 화륜조보살(和輪調)은 사지국(沙祇)에서 왔었다.

한 사람 한 사람의 보살은 각각 이만 팔천 인과 함께 부처님 계시는 곳에 와서 예배를 드리고 한쪽에 앉았다. 나열지왕과 아사세왕도 십만 인과 함께 부처님 처소에 와서 예배드리고 한쪽에 앉았다. 사천왕·석제환인(釋提桓因)·범천왕·대자재천왕·색구경천왕 등은 각각 수억의 천자들과 함께 부처님 계시는 곳에 와서 예배드리고 한쪽에 앉았다. 난타용왕·발난타용왕·사가라용왕·마나사용왕·아나발탈타용왕 등도 각각 수억의 용왕들과 함께 부처님 계시는 곳에 와서 예배하고 한쪽에 앉았다. 사방의 아수라왕도 각각 수억의 아수라대중을 데리고 부처님 처소에 와서 예배드리고 한쪽에 앉았다.

이때 모든 비구·비구니·우바새·우바이·하늘·용·아수라·야차신·가루라신·긴나라신·마후라가신 등과 사람인 듯 하나 사람 아닌 것[人非人] 등 수없이 많았으므로 그 수를 다 헤아릴 수 없었다.

발타화보살이 자리에서 일어나 옷을 단정이 하여 차수하고 무릎을 꿇으면서 부처님께 사뢰기를,

"원하옵건대 부처님께 여쭐 것이 있습니다. 여쭙고자 하는 것은 이미 인연이 있기 때문입니다. 부처님께서 저의 묻는 바를 들어주신다면 지금 바로 부처님께 여쭙겠습니다."

부처님께서 발타화보살에게 말씀하시기를,

"묻고자 하는 바를 바로 물어라. 마땅히 그대를 위하여 설하리라."

발타화보살이 부처님께 여쭈기를,

"보살은 마땅히 어떤 삼매를 지어야 하겠습니까? 큰 바다와 같고 수미산과 같은 지혜를 얻을 수 있겠

습니까?

 듣는 바를 의심하지 아니하여 마침내 사람 가운데 우두머리가 될 수 있을 것입니까?

 스스로 성불하여 결코 다시 태어나지 아니할 것입니까?

 어리석은 곳에 태어나지 아니할 것입니까?

 가고 옴을 미리 알아서 일찍이 부처님을 떠나는 때가 없을 것입니까?

 만약 꿈 속에서도 부처님을 떠나지 아니한다면 단정한 몸매를 받아 모든 사람들 가운데서 그 안색이 뛰어나 비할 바 없으며, 적어도 항상 존귀하고 훌륭한 가문에 태어날 수 있겠습니까?

 또 그 부모·형제·일가·친척들이 모두 존경하지 아니하는 자가 없겠습니까?

 뛰어난 재주와 많은 지혜로 인하여 회의를 할 때에는 대중들의 반론을 절복시킬 수 있겠습니까?

 스스로 절도를 지키며 항상 안으로는 부끄러운 모습을 하며 결코 자만하지 아니하겠습니까?

항상 자애하여 지혜가 통달하고 밝으며 무리지어 함께 있지 아니하며, 위신력은 비할 때 없으며, 정진은 다른 사람들이 이르기 어려우며, 모든 경전의 가르침에 통달할 수 있겠습니까?

많은 경전 중에 들어 있는 모든 경전의 뜻을 이해하지 아니함이 없으며, 안락하여 선에 들며 정에 들며 공에 들어 생각하는 바가 없으므로 집착하는 것도 없겠습니까?

이 삼사(三事) 중에는 두려움이 없어 많은 사람들을 위하여 경전을 설하고 다시 그들을 보호할 수 있겠습니까?

태어나고자 하는 곳에는 스스로 원하는 바에 따라 어디든지 태어나므로 본원공덕력과 다르지 않겠습니까?

신심이 돈독하므로 태어나는 곳마다 건강한 몸을 받으며, 애욕과 근력(根力)이 없지 아니하겠습니까?

부처님을 향하는 마음인 소향력(所向力)이 밝아지며, 소염력(所念力)이 밝아지며, 소시력(所視力)이 밝아지며, 소신력(所信力)이 밝아지며, 소원력(所願力)이 밝아지겠습니까?

물음이 큰 바다와 같이 다함이 없으며, 달이 가득 차서 널리 비추어 밝음을 입지 않는 것이 없으며, 해가 처음 떠오를 때와 같겠습니까?

큰 불꽃이 비침에 있어서 걸림이 없는 것과 같으며, 집착하지 않는 마음은 허공과 같아서 머무름이 없으며, 금강찬(金剛鑽)4)과 같아서 뚫지 못하는 곳이 없겠습니까?

편안하기가 수미산과 같아 가히 움직이지 않으며, 문지방이 바르고 견고하게 놓인 것과 같겠습니까?

마음의 부드럽기가 마치 고니의 털과 같아서 거칠거나 강하지 아니하겠습니까?

몸은 집착함이 없어 산천을 즐기는 들짐승과 같겠습니까?

항상 스스로를 지켜 번거로움을 쫓는 사람들과 함께

---

4) 金剛鑽은 金剛砂로 도구를 삼아 구멍을 뚫거나 내지 부수는 것. 金剛砂는 석류석을 가루로 만든 물건으로 수정이나 대리석을 닦는데 쓰임.

하지 아니하겠습니까?

 만약 사문도인들의 많은 가르침을 받더라도 모두 지키며(護視) 가벼운 놀림을 당할지라도 끝까지 화를 내지 아니하여 모든 마군들이 능히 준동하지 못하도록 하겠습니까?

 모든 경전을 이해하여 지혜에 들어 모든 부처님의 법을 배워 능히 스승으로 삼을 만한 자가 어찌 있겠습니까?

 뜻이 삿되지 않으므로(威力聖意) 능히 동요할 자가 없으며, 깊이 들어가는 행은 항상 행하는 바가 없이 행하며 언제나 유순하겠습니까?

 경전 가운데에 있어 항상 대비심으로 제불을 계승하여 받들어 섬김에 싫어함이 없겠습니까?

 행하는 여러 가지 공덕이 모든 곳에 쫓아 미치며, 행함이 항상 지극하며, 믿음이 항상 바름으로 능히 혼란스럽지가 않겠습니까?

 행함이 항상 정결하므로 일에 임함에 결코 어려움이 없겠습니까?

청정하여 지혜가 참으로 밝아 즐거운 행을 얻어 오개(五蓋)5)를 다하겠습니까?

지혜로운 행은 점차로 성불의 경계(境界)를 따라 제국토를 장엄하며, 계를 지킴에 청정하여 아라한과 벽지불의 마음으로 짓는 바가 모두 구경하겠습니까?

공덕을 지음에 있어서도 항상 상수(上首)에 있으니 사람들을 가르치는 것도 이와 같겠습니까?

보살 중에 있어서 가르침도 싫어함이 없으며, 마땅히 짓는 법도도 다함이 없어 일체의 나머지 도에 있어서도 미치지 않음이 없겠습니까?

일찍이 부처님을 여의지 아니하였지만, 부처를 보지 못하였으므로 항상 모든 부처님을 염하기를 마치 부모를 생각하는 것과 다르지 않겠습니까?

점차로 제불의 위신력을 얻어 모든 경전의 뜻을 알게 되고, 눈이 밝아져 보는 것에 걸림이 없어 제불이 모든 사람 앞에 나투게 되겠습니까? 비유컨대 이는 마

---

5) 五蓋 : 五法에 있어 능히 心性을 덮어 善法을 나지 못하게 하는 것. (貪慾蓋・瞋恚蓋・睡眠蓋・掉悔蓋・疑法蓋

치 환술사가 자재하게 여러 가지를 만드는 것과 같겠습니까?

　미리 헤아리지 않으므로 생각하는 즉시 법을 이루게 될 것입니까?

　역시 쫓아 오는 바도 없고 가는 바도 없는 환화(幻化)와 같겠습니까?

　과거·미래·현재를 생각하는 것이 꿈과 같아서 가지고 있는 모든 분신(分身)이 널리 제불의 국토에 이르겠습니까?

　이는 마치 해가 물 속에 비춰면 모든 영상을 두루 볼 수 있는 것과도 같겠습니까?

　생각하는 바가 모두 메아리를 얻는 것과 같으며, 역시 옴도 없고 감도 없으며, 생사 또한 그림자와 같겠습니까?

　곧 생각하고 아는 바가 마치 공(空)과 같아서 법에는 망상이 없겠습니까?

　우러러 귀의 하지 않는 사람이 없고 일체가 평등해서 다름이 없겠습니까?

경전의 모든 가르침을 올바르게 알아서, 마음으로 헤아리지 아니하며, 모든 국토에 있어서 마음으로 집착하지 아니하며, 망념을 쫓지 아니하여, 모든 부처님의 국토를 나와도 장애됨이 없겠습니까?

실로 모든 다라니문에 들어가서 모든 경전에 있어서 하나를 들으면 만가지를 알겠습니까?

제불께서 설하신 경전을 실로 잘 수지하며, 제불을 모시어 모든 부처님의 가피력을 입으며, 실로 모든 부처님의 위신력을 얻어 용맹하여 어려운 바가 없으며, 그 행보가 마치 용맹한 사자와 같아서 두려움이 없겠습니까?

모든 국토에 이 말씀이 미치지 않는 곳이 없으며, 이 말을 들은 사람은 일찍이 잊은 때가 없어, 일체제불의 뜻과 같아서 다름이 없겠습니까?

실로 본래 경전이 없음을 알아 두려워하지 아니하고, 모든 경전을 얻기를 원한다면, 바로 스스로 알아서 설하는 것이 모든 부처님과 같이, 끝내 싫어하는 마음이 없겠습니까?

세간 사람의 스승이 되어 의지하여 가까이 하지 않는 자가 없으며, 그 행은 가는 곳마다[方幅] 아첨하고 거짓됨이 없으며, 모든 국토를 밝게 비추어 쾌청하여 신·구·의 삼업에 집착하지 않아 행함에 장애가 없어 중생 가운데에 따를 자가 없겠습니까?

근본 진리법[本際法]6)을 사모함이 없어, 일체지(薩芸若)를 가지고 사람들에게 불도에 들어감에 있어 일찍이 무섭지 않게 하여 두려울 때가 없겠습니까?

부처님의 모든 경전이 있는 곳을 확실히 알아서 대중 가운데 복을 받지 않은 자가 없으며, 부처님의 한량없는 대자비를 보고 기뻐하여, 배우는 제불의 경전을 통달하여 대중 가운데에 있어도 두려워함이 없고, 대중 가운데에 있어서 능히 뛰어난 자가 없겠습니까?

명성은 더 없이 널리 퍼져 모든 의문을 없애어 알지 못하는 것이 없겠습니까?

경 가운데에 있어서 지극히 높은 사자좌에 앉아서 자재로 제불이 법을 가르치는 것과 같고, 실로 제불의

---

6) 本際法(Sarva-jan) : 一切智라 번역됨.

만 가지의 법문을 분명히 알아서 모두 만억의 소리에 들어가겠습니까?

제불의 경을 아끼고 소중히 여겨 항상 염하여 좌우에 두어서 일찍이 제불의 자비를 여의지 않겠습니까?

부처님 경전 가운데 있어 즐거이 행하여 항상 부처님을 따라 출입하고, 항상 선지식의 주변에 머무는 것을 지극히 싫어할 때가 없지 않겠습니까?

시방세계의 제불의 국토에 있어서 머무르는 바가 없고, 모든 원과 행이 미치어 시방세계의 만민을 해탈케 하며, 지혜의 보배가 모든 경장(經藏)을 체득함에 미치며, 몸은 허공과 같아 생각이 없겠습니까?

사람으로 하여금 보살도를 구하게 하여 불종자를 끊지 않게 하겠습니까?

보살도를 행하여 일찍이 마하연(摩訶衍)에서 떠나지 않게 하였으며, 또한 헤아릴 수 없는 아승지의 사람들을 모두 열반에 이르도록 염하는 [摩訶僧那僧涅] 광대한 도를 체득하겠습니까?

속히 일체지를 체득하여 모두 제불에게 칭찬받아 부

처님의 십력의 경지〔十力地〕에 가까이 가서 일체의 생각하는 모든 것에 들어가고, 일체의 헤아림을 모두 깨달아 알 수 있겠습니까?

모든 세간의 변화를 훤히 알아 일의 성패와 나고 죽음을 밝게 알겠습니까?

모든 경전의 보배 바다에 들어가 제일 수승한 경전을 열어서 모두를 보시하겠습니까?

모든 국토의 행과 원에 있어서 또한 머무르지 않으며, 대변화를 다하여 부처님께서 즐거이 행하시는 것처럼 마음을 한 번 돌이켜 부처님을 염하면 모든 사람 앞에 나투게 되겠습니까?

일체가 성취되어〔一切適〕다시 원함이 없고, 마침내 태어날 곳이 없지 않겠습니까?

시방세계의 헤아릴 수 없는 불국정토를 다 보고, 제불이 설하신 경을 들으며 한 부처님, 한 부처님과 비구승을 모두 볼 수 있겠습니까?

이 때에 선인, 나한, 벽지불의 눈으로는 볼 수 없겠습니까?

이 사바세계에서 목숨을 마치고 저 불국토에 태어나 제불을 보는 것이 아니라, 바로 이 사바세계에 앉아서 모두 제불을 볼 수 있으며, 모두 제불이 설하는 경을 듣고 다 받을 수 있겠습니까?

예컨대 제가 지금 부처님의 면전에서 부처님과 보살을 우러러 보는 것처럼 이와 같이 일찍이 부처님을 떠나지 않고 일찍이 경전을 듣지 않은 적이 없지 않겠습니까?"

부처님께서 발타화보살에게 말씀하셨다.

"기특하고 기특하구나.

물은 것은 깨달은 것도 많으며 안온한 곳도 많아서 세간 사람들이 다시 헤아릴 것이 없느니라.

천상천하가 모두 이것으로 편안해지느니라.

지금 그대들이 부처님께 묻는 바가 이와 같으니, 전세 과거 부처님 때에 듣고 행하여 공덕을 지었기 때문이니라.

약간의 부처님에게 공양하였으며, 경전 읽기를 즐겼으며, 도행을 행하고 금계를 지킨 까닭이다. 스스로 불법을 지켜 청정행을 하여 번뇌에 물들지 않고, 항상 걸식하여 살며, 자주 여러 보살들과 만나서 모든 보살들에게 부처님의 법을 가르쳐 대자애(大慈哀)를 다하였기 때문이니라. 그러므로 일체의 모든 사람들이 평등한 마음으로 언제든지 부처님을 친견코자 한다면 바로 부처님을 뵐 수 있느니라.

원하는 바 크고 깊은 행을 다하여 항상 부처님의 지혜를 염(念)하고, 모든 경전에서 가르친 계를 지녀, 모든 불심을 구족하기를 금강(金剛)과 같이 하면 모든 세간사람들의 마음에 염하는 바를 알아 실로 제불이 앞에 나타나느니라."

부처님께서 발타화보살에게 말씀하시기를,

"그대의 공덕으로는 알 수 없느니라".

부처님이 말씀하시기를,

"지금 현재에 부처님이 모두 앞에 나투는 삼매(現在佛悉在前立三昧)를 행하는 삼매이니라. 대저 이 삼매를 행하는 사람이 있다면 그대가 물은 것을 모두 얻을 것이니라."

발타화보살이 부처님께 여쭈기를,

"원하옵건대 부처님께서 가엾이 여겨 설하여 주시옵소서. 지금 부처님께서 설하신 것은 제도한 바가 많사오며 안온케 하는 바가 많사옵니다.

원하옵건대 부처님이시여, 모든 보살을 위해서 대광명을 나투어 주옵소서."

부처님께서 발타화보살에게 말씀하시기를,

"일법행(一法行)을 항상 지니고 지켜 다른 법을 따르지 않는 것이 모든 공덕 중에 가장 으뜸이니라. 무엇을 제일법행이라고 하는가? 이 삼매를 현재에 부처님이 모두 앞에 나투는 삼매[現在佛悉在前立三昧]라고 하느니라."

제2 행품(行品)

부처님께서 발타화보살에게 말씀하시기를,

"만약 어떤 보살이 현재에 염하기를, 일념으로 시방세계 부처님께 향하고, 그 일념이 있으면 일체보살의 높은 행을 얻을 수 있을 것이니라.

무엇을 일념[定意]이라고 하겠느냐?

염불의 인연에 따라서 부처님을 향하여 염하므로 마음이 어지럽지 않는 것이니라. 지혜로워서 정진을 버리지 않고, 선지식과 더불어 공관(空觀)을 닦으며, 잠을 줄이고 모임에 가지 아니하며, 악지식을 피하고 선지식을 가까이 하며, 정진이 흐트러지지 않고, 음식은 만족할 줄을 알며, 의복을 탐내지 아니하고, 목숨을 아끼지 않아야 하느니라.

홀로 친족을 피해 고향을 떠나 평등심을 배우고, 자비심을 얻어 행을 지켜 번뇌를 떨쳐버리고, 선정을 닦는 것이다. 물질[色]에 따르지 않으며, 오온을 받지 않으며, 몸이 늙어감을 싫어하지 않으며, 사대(四大)에 매이지 아니하고, 뜻을 버리지 아니하고, 색을 탐하지 아니하며, 부정함을 알아서 시방의 사람을 버리지 않고, 시방의 사람을 구제하며, 시방의 사람을 헤아려 나와 같이 생각하되 나의 소유물로 생각하지 않아야 하느니라.

일체의 욕망으로 인해서 계를 버리지 않고 공행을 익히며, 독경을 하고자 함에 있어서 계를 범하지 아니하며, 선정을 잃지 않으며, 불법을 의심치 않으며, 부처님에 대해서 논쟁하지 않으며, 불법을 저버리지 않으며, 비구승을 산란케 하지 말지니라.

망어를 여의고, 덕 있는 사람을 도우며, 어리석은 사람들의 세속적인 말을 멀리 하여 즐기지도 들으려고도 하지 말 것이며, 불법에 대해서는 모두 즐거이 들으려고 해야 하느니라.

인연에 따라 생을 받아 태어나니 육미(六味)에 맛들이지 말며, 오해탈(五解脫=五習)로 훈습하고, 십악에서 벗어나기 위해서 십선을 익혀야 하느니라.

아홉 가지 번뇌[九惱]를 밝히기 위하여 여덟 가지 정진[八精進]을 행하며, 여덟 가지 게으름[八懈怠]을 버려야 하느니라.

여덟 가지 방편[八方便]을 익히고, 아홉 가지 사유[九思]를 익히며, 여덟 가지 대도(大道: 八道家)를 염해야 하느니라.

또한 선법(禪法)만 듣기를 집착하지 말며, 교만하지 말며, 자만심을 버리고, 설법을 듣고, 경전의 가르침을 듣고자 하며, 불법 닦기를 원하며, 세간의 이익에 따르지 말며, 자신의 몸만을 생각하지 말고, 시방의 사람을 여의고 홀로 깨달음을 얻기를 원하지 말며, 목숨에 집착하지 말고, 오온을 깨달아서 번뇌에 끄달리지 말아야 하느니라.

소유에 따르지 아니하기 위해 무위를 구하며, 생사를 바라지 않으므로 몹시 생사를 두려워하여 오온을 도둑처럼 여기고, 사대를 뱀처럼 생각하며, 십이쇠(十二衰)를 공한 것이라고 생각해야 하느니라.

오랫동안 삼계에 머무는 것이 안온하지 못하므로 무

위를 얻는 것을 잊어서는 안 된다. 탐욕을 바라지 말며, 생사를 버리기를 원하고, 사람들과 다투지 말며, 생사에 떨어지는 것을 바라지 아니하면 항상 부처님 전에 나느니라.

헤아려 생각하니 꿈과 같다. 믿음으로서 다시 의심하지 말며, 마음에 다름이 없어야 한다. 일체의 과거나 미래나 현재의 일 등에 대한 생각을 없애고, 항상 제불의 공덕을 염하며, 스스로 귀의하여 부처님께 의지해야 하느니라.

정의(定意)에 있어서 자재함을 얻어 부처님의 육신의 모습에 따르지 말며, 일체가 하나임을 헤아려 천하와 다투지 말고, 행함에 있어서도 다투지 말며, 인연에 의해 생을 받고 불지(佛地)에 의해 제도받느니라.

가히 법을 얻고 법을 얻었으면 공을 요달한 마음으로 사람을 헤아리니, 또한 유(有)도 아니고 멸(滅)도 아니며, 스스로 무위를 증득하여 지혜의 눈[點眼]으로 청정해지느니라.

일체가 둘이 아니며, 깨달은 마음은 중앙과 변방[中

邊]이 없으며, 일체의 부처님도 일념에 들고, 이 지혜를 의심함이 없으며, 능히 나무랄 데가 없느니라.

스스로 깨달음을 얻는 까닭에 부처님의 지혜는 다른 사람을 의지하는 것이 아니며, 선지식을 만나면 부처님과 같이 여겨야지 다르다고 생각하지 말지니라.

일체시에 보살과 함께 있어 떠날 때가 없으므로 비록 일체의 마구니라 할지라도 능히 움직일 수 없느니라.

일체의 사람이 거울 속에 있는 형상과 같이 일체 부처님을 뵙는 것도 그림과 같으니 일체에 법을 따라 행하면 청정한 보살행에 들어가느니라."

이와 같이 부처님께서 말씀하셨다. 이러한 행법을 지켰으므로 삼매에 이르렀고, 곧 삼매를 얻으니 현재의 제불이 모두 나투시었다[現在諸佛悉在前立].

"어떻게 하여야 현재제불실재전립삼매(現在諸佛悉在前立三昧)를 얻을 수 있겠는가 하면 이와 같으니라. 발타화여!

비구·비구니·우바새·우바이가 계를 온전히 지키

고 홀로 한 곳에 머물러서 마음으로 서방정토 아미타불을 염하되 마땅히 지금 현재 들은 바 대로 염해야 하느니라.

이 곳으로부터 천억만 불국토를 지나면 그 나라의 이름이 서방정토극락세계[須摩提]라고 하느니라. 그 곳의 모든 보살 가운데에서 경을 설하시고 계시며, 대중들은 항상 아미타불을 염하느니라."

부처님께서 발타화보살에게 말씀하시기를,

"예컨대 사람이 잠이 들어 꿈 속에서 온갖 금·은·보배를 보고 부모·형제·처자·친족·친구들과 함께 즐겁게 놀았다. 꿈을 깨어나서 사람들에게 그것을 이야기하고 난 후 스스로 눈물을 흘리며 꿈 속에서 본 바를 생각하는 것과 같느니라.

이와 같느니라, 발타화보살이여!

어떤 사문이나 재가자가 서방 아미타부처님의 정토에 대한 이야기를 듣고는 마땅히 그 곳의 부처님을 염하고 계를 어기지 말아야 하느니라. 일심(一心)으로 염하기를 하루 밤낮이나 혹은 칠일 밤낮으로 하면 칠일

이 지난 후에 아미타부처님을 친견하게 되는데 깨어 있을 적에 보지 못하면 꿈속에서라도 친견하게 되느니라.

비유하면 사람이 꿈 속에서 보는 것과 같이 밤인지 낮인지 알지 못하고 안인지 밖인지도 알지 못하며, 어둠 속에 있으므로 보지 못하는 것도 아니고 막혀 장애가 있다고 해서 보지 못하는 것도 아니니라.

이와 같느니라, 발타화여!

보살이 마음으로 이러한 염(念)을 행할 때에 제불의 나라 이름은 대산수미산(大山須彌山)이라고 하며, 거기에는 어두운 곳이 있는데 모두 개벽되어 눈에도 가림이 없으며 마음에도 걸림이 없느니라.

이 보살마하살은 천안통을 가지지 않고도 꿰뚫어 보고, 천이통을 가지지 않고도 모두 들으며, 신족통을 가지지 않고도 그 부처님의 국토에 이르느니라.

이 사바세계에서 목숨을 마치고 저 부처님의 국토에 태어나 아미타부처님을 친견하는 것이 아니라 곧 이 사바세계에 앉아서 부처님을 친견하며 경전을 설하시는 것을 듣고 모두 수지하여 체득하며 삼매중에서 모두 잘 구족하여 이것을 사람들을 위해서 설하느니라.

비유하면 어떤 사람은 타사리국(墮舍離國)에 수문(須門)7)이라는 기녀(妓女)가 있다는 소문을 듣고, 또 어떤 사람은 아범화리(阿凡和梨)8)라는 기녀가 있음을 듣고, 또 어떤 사람은 우파원(優陂洹)9)이라는 기녀가 있다는 소문을 들었다. 이 때에 제각기 기녀를 생각하였으나 그들은 아직까지 만나본 적이 없었는데도 소문만 듣고 음란한 생각이 일어났다. 곧 꿈 속에서 각자 그 기녀의 처소에 갔으나 이 때 그들은 모두 왕사성에 있었다. 그럼에도 불구하고 동시에 생각하였으므로 각자 꿈 속에서 기녀의 처소에 가서 함께 잠을 잤는데, 잠에서 깨어난 뒤에도 각자 그 일을 생각하는 것과 같느니라."

부처님께서 발타화보살에게 말씀하셨다.

"내가 이 세 사람에 대해서 말하리라. 만약 이 일을

---

7) 須門(Sumatī): 須摩那妙慧라 번역됨.
8) 阿凡和梨(Āmrapalī): 菴羅波離 혹은 捺女라 번역됨.
9) 優陂洹(Utpalavarṇa): 蓮華色이라 번역됨.

가지고 사람들을 위해 경을 설한다면 이 지혜를 깨달아 불퇴전지에 이르르며 무상정진도(無上正眞道)를 얻게 되리라. 그러한 후에 부처가 되어 그 이름을 선각(善覺)이라고 하리라.

이와 같이 발타화여!

보살이 이 사바세계의 국토에서 아미타불에 대해서 듣고 끊임없이 생각하면 그로 인하여 아미타불을 친견하게 되느니라.[아미타불에 관해서 듣고 끊임없이 생각하면 그것이 곧 見佛] 부처님을 친견한 뒤에 묻기를, '마땅히 어떠한 법을 지녀야 아미타불의 국토에 태어날 수 있겠습니까'라고 하면, 아미타불께서 보살에게 말씀하시기를 '나의 국토에 태어나고자 하는 이는 항상 나를 끊임없이 염하되 염하기를 지켜 쉬지 않으면 이와 같이 나의 국토에 태어나게 될 것이니라'라고 할 것이니라.

또 부처님께서 말씀하시기를, 보살이 이와 같이 염불하므로 마땅히 아미타불국토에 태어나느니라. 항상 이와 같이 불신(佛身)이 32상을 모두 구족하여 광명으로 훤히 비추는데 무엇과도 비할 데 없는 단정한 모습으로 비구승 가운데서 경을 설하며 경을 설함에 '색이 무너지지 않는다[不壞敗色]'고 염해야 할 것이니라.

'색이 무너지지 않는다'라는 것은 무엇이냐 하면 괴로움과 사상(思想)과 생(生)과 사(死)와 식(識)과 혼(魂)과 신(神)과 지수화풍(地水火風)과 세간과 천상과, 그리고 위로는 범천과 대범천에 이르기까지 색이 허물어지지 않는다. 이는 염불하기 때문에 공삼매를 얻느니라. 이와 같이 염불해야 하느니라."

부처님께서 발타화보살에게 말씀하시기를,

"보살이 삼매 중에서 증득한 자가 누구인가 하면 나의 제자인 마하가섭과 인저달보살(因坻達菩薩)과 수진천자(須眞天子)와 그 때 삼매를 아는 사람과 삼매를 행하는 사람들은 모두 삼매를 증득한 자이다. 무엇을 증득했다고 할 것인가? 이 삼매를 증득하면 공삼매[空定]를 알게 되느니라."

부처님께서 발타화보살에게 말씀하시기를,

"먼 옛날에 한 부처님이 계셨는데 그 명호가 수파일

(須波日)이라고 했다. 그 때 어떤 사람이 황야[大空澤]를 헤매다가 음식을 구하지 못하여 목마르고 굶주려서 누워 있었는데 잠이 들었다. 그는 꿈속에서 감미롭고 향기 나는 음식을 먹었으나 꿈이 깬 후에 배가 고픔을 알게 되었다. 스스로 일체의 모든 것은 다 꿈과 같다고 생각하였다."

부처님께서 말씀하시기를,

"그 사람이 공하다고 염한 까닭에 문득 무생법인[無所從生]의 법락(法樂)을 얻어 불퇴전지[阿惟越致]를 체득(逮得)하였다.

이와 같느니라. 발타화여! 보살이 향하는 곳에 현재의 부처님이 계신다는 것을 듣고 항상 그 쪽을 향하여 부처님을 친견하기를 염하되, 유(有)와 무(無)로써 염하지 말고, 내가 서 있는 것이 공하다 라고 생각하는 것처럼 부처님이 서 계시는 것도 그와 같이 염하라. 진귀한 보배가 유리 위에 있는 것처럼 이와 같이 보살도 시방의 무수한 부처님의 청정함을 보느니라.

비유하면 어떤 사람이 멀리 다른 나라에 가서 고향

의 가족과 친척과 재산을 생각하면 그 사람은 꿈 속에서 고향에 돌아가 가족과 친척을 만나보고 기뻐하며 함께 이야기 하는 것과 같다. 꿈 속에서 본 것을 깨어나서 아는 이에게 말하기를, 내가 고향에 가서 나의 가족과 친척을 만나보았다라고 하였다."

부처님께서 말씀하시기를,

"보살도 이와 같느니라. 그가 향하는 곳의 부처님의 명호를 듣고 항상 그 쪽을 염하면서 부처님을 친견하고자 하면 보살은 모든 부처님을 친견할 수 있으니, 이는 진귀한 보물을 유리 위에 올려놓은 것과 같느니라.

비유하자면 어떤 비구가 죽은 사람의 뼈를 앞에 두고 보는 것과 같아서 때로는 푸르게 보이기도 하고 때로는 희게 보이기도 하며 때로는 붉게 보이기도 하고 때로는 검게 보이기도 하느니라.

그 뼈는 가져온 자도 없고 또 지금 여기에 뼈라는 것도 없으며, 본래부터 가져 온 적도 없는데 마음으로 생각을 지음으로 인하여 있게 된 것이니라.

보살도 이와 같이 부처님의 위신력으로 인하여 삼매 중에 서서 어느 곳의 부처님이든 보기를 원하면 곧 보게 되느니라. 무슨 까닭인가 하면 이와 같느니라.

발타화여! 이 삼매는 불력(佛力)으로 이루어졌기 때문이니라.

부처님의 위신력으로 삼매에 드는 자는 세 가지의 능력을 가지게 되느니라. 부처님의 위신력과 부처님의 삼매력과 부처님의 본원공덕력을 가지게 되느니라. 이 세 가지의 능력 때문에 부처님을 친견할 수 있느니라.

비유컨대 발타화여! 젊은 사람이 단정하고 예쁘게 꾸며서 깨끗한 그릇에 좋은 삼기름[麻油]을 담거나, 좋은 그릇에 깨끗한 물을 담거나, 방금 닦은 거울이나, 티 없는 수정에 자신의 모습을 보고자 하여 자신을 비추면 모든 것이 저절로 나타나는 것과 같느니라.

어떻게 생각하느냐, 발타화여! 삼기름이나 물이나 거울이나 수정에 사람이 저절로 나타난다면 참으로 그 모습이 밖으로부터 안으로 들어온 것이라고 할 수 있겠느냐?"

발타화가 말씀드리기를,

"그렇지 않습니다. 천중천(天中天)이시여! 삼기름이나 수정이나 물이나 거울이 깨끗하기 때문에 스스로 그 모습을 볼 수 있을 뿐입니다. 그 모습은 역시 안으로부터 나온 것도 아니며, 밖으로부터 들어간 것도 아닙니다."

부처님께서 말씀하시기를,

"착하고 착하도다. 발타화여! 그와 같느니라, 발타화여! 몸이 청정하면 비추어지는 것도 청정하여 부처님을 친견하고자 하면 곧 친견할 수 있느니라. 부처님을 친견하였을 때 바로 여쭈면 묻는 즉시 대답하실 것이니라. 이와 같은 가르침을 듣고 크게 기뻐하여 생각하기를, 또한 스스로 생각하기를, '부처님께서는 온 바가 없고, 나도 갈 바가 없다.' 또한 스스로 생각하기를, '욕계·색계·무색계의 삼계는 뜻으로 만들어졌을 뿐이다. 내가 생각하는대로 본다. 마음이 부처를 만들고 마음이 스스로 보므로 마음이 부처이고 마음이 여래이며 마음이 나의 몸이니라. 마음이 부처를 보지만, 마음은 스스로 그 마음을 알지 못하며 스스로 마음을 보지 못한다. 마음에 망상[想]이 있는 것을 어리석음이라 하고, 마음에 망상이 없는 것이 열반이라 한다. 이 법은 즐거워할 것도 없다. 모두 망념이 만들어 내는 것이다. 만일 망념이 없어지면 생각하는 자가 있더라도 또한 없는 것을 분명히 알게 된다.

이와 같이 발타화여! 삼매중에 있는 보살이 보는 것도 이와 같느니라."

부처님께서 게송으로 말씀하셨다.

"마음이 마음을 알지 못하니
마음으로 마음을 보지 못하느니라.
마음에 망상을 일으키면 어리석고,
망상이 없으면 열반이라네.

이 법은 견고함이 없어
언제나 생각 속에 자리하나,

공함을 알고 보는 자는
일체 상념이 없다네."

제3 사사품(四事品)

"보살아! 이 삼매를 빨리 얻을 수 있는 네 가지 법 [四事法]이 있느니라. 무엇을 네 가지라고 하는가 하면, 첫째는 능히 무너뜨릴 수 없는 신심이요, 둘째는 능히 따를 자가 없는 정진이요, 셋째는 능히 미칠 자가 없는 지혜에 들어감이요, 넷째는 훌륭한 스승을 따름이니, 이를 네 가지라고 하느니라.

보살아! 또한 이 삼매를 빨리 얻을 수 있는 네 가지 법이 있느니라. 무엇을 네 가지라고 하는가 하면, 첫째는 삼 개월 동안 탄지간의 짧은 순간에라도 세간사를 생각해서는 안 되며, 둘째는 삼 개월 동안 탄지간의 짧은 순간에라도 눕거나 밖에 나가서는 안 되며, 셋째는 삼 개월 동안 밥 먹을 때를 제외하고는 경행을 하되 잠시라도 쉬거나 앉아서도 안 되며, 넷째는 사람들을 위해서 경전을 해설하되 세간 사람들에게 의복과 음식을 바라서는 안 되니, 이를 네 가지라고 하느니라.

　보살아! 또한 이 삼매를 빨리 얻을 수 있는 네 가지 법이 있느니라. 무엇을 네 가지라고 하는가 하면, 첫째는 사람들을 모아서 부처님 계시는 곳에 나아가도록 권함이며, 둘째는 사람들을 모아서 경전을 듣도록 권함이며, 셋째는 질투를 하지 않음이며, 넷째는 사람들에게 불도를 배우도록 권함이니, 이를 네 가지라고 하느니라.

　보살아! 또한 이 삼매를 빨리 얻을 수 있는 네 가지 법이 있느니라. 무엇을 네 가지라고 하는가 하면, 첫째는 불상을 조성하거나 혹은 불화를 그려서 이것을 삼매에 들 수 있는 방법으로 사용함이며, 둘째는 이 삼매에 든 것을 다른 사람으로 하여금 좋은 베와 비단에 이 삼매에서 얻은 것을 그리게 함이며, 셋째는 스스로 교만한 사람들로 하여금 불도에 들어가게 함이며, 넷째는 항상 불법을 외호함이니, 이를 네 가지라고 하느니라."

이 때에 부처님께서 게송으로 찬탄하시기를,

"항상 즐거이 불법 믿으며,
경 읽고 공(空) 염하길 멈추지 말고,
잠잘 때를 제외하고 석 달 동안
정진 게을리 말라.

앉아 경 설할 때 자세하고 널리 배우며,
공양 보내 오는 자 있을지라도
좋아하여 탐하지 않으면,
속히 이 경의 가르침 얻으리라.

부처님 모습 금빛 같으며
상호는 삼십이상이어라.
모습마다 백 가지 공덕 있으니
천상의 금으로 조성한 듯 단정하구나.

과거불 · 미래불께 이미 귀의하였고,

현재불, 사람 중 가장 존귀하시니,
항상 부처님께 공양하길 염하여
꽃·향·도향10)·음식 갖추어 공양하여라.

이 훌륭한 뜻을 지닌 까닭에
삼매를 떠나 멀리 있지 않으니,
악기로써 불심을 노래하고
항상 즐거워 하여라.

삼매 구하는 자 불상 조성함에
갖가지 구족하고
가지가지 아름다워
그 모습 금빛 같구나.

삼매 구하는 자 흔쾌히 베풀며,
청결 고귀한 계행 수지하여
게으름 버리니

---

10) 擣香: 재앙을 멈추게 하는 향. 『蘇悉地羯囉經』 卷上 「分別燒香品」

멀지 않아 삼매 얻으리라.

늘 사랑하는 마음으로 화내지 않고
항상 가여운 마음 내어
평등한 마음으로 증오함 없으면
이제 멀지 않아 삼매 얻으리라.

정성 다해 훌륭한 스승 모시기를
부처님 섬기듯 하며
성냄 질투 탐욕심 내지 말고
경의 가르침 베풀되 댓가 바라지 말라.

이러한 가르침대로 경법 굳게 지녀
이에 따라 모두 들어가면
이는 제불의 도에 드는 지름길일세
이와 같이 행하는 자 멀지 않아 삼매 얻으리.″

부처님께서 발타화보살에게 말씀하시기를,

"이와 같이 보살은 마땅히 자심(慈心)으로 항상 스승을 기쁘게 하여야 하며, 마땅히 스승을 뵙기를 부처님과 같이 하여 모든 것이 구족하게 받들어 섬겨야 하느니라. 이 삼매경을 서사하고자 하거나 혹은 배우고자 할 때도 보살이 스승을 공경하듯이 해야 하느니라. 발타화여! 보살이 스승에게 화를 내거나 스승의 허물을 가지고 스승을 보기를 부처님 같이 하지 않는 자는 삼매를 얻기가 어렵느니라. 발타화보살이여! 비유하자면 눈 밝은 사람이 한밤중에 별을 보면 별의 숫자가 매우 많음과 같느니라. 이와 같이 발타화여! 보살이 부처님의 위신력으로 삼매에 들어 동쪽을 향해 백 불·천 불·만 불·억 불을 친견하듯이 시방세계의 모든 제불을 친견하느니라."

부처님께서 발타화에게 말씀하시기를,

"이 보살은 불안(佛眼)과 같아 모두 알고 모두 보느니라. 발타화여! 이와 같이 보살이 지금 현재제불실재전립삼매(現在諸佛悉在前立三昧)를 얻고자 하거든 보시를 구족히 하며, 지계·인욕·정진·일심지혜(一心

智慧)·도탈지혜(度脫智慧)도 모두 구족히 해야 하느니라."

이 때에 부처님께서 찬탄하여 말씀하시기를,

"마치 청정한 눈을 가진 사람이
한밤중에 헤아릴 수 없이 많은 별을 보고서
낮에도 생각으로 모두 볼 수 있듯이,
보살도 이와 같이 삼매를 체득한 자는
헤아릴 수 없는 백천의 부처님을 친견하고서
삼매에서 깨어나더라도 모두 생각해 내어
자재로이 모든 제자들을 위해 설하느니라."

부처님께서 말씀하시기를,

"나의 청정한 눈으로 항상 세간을 보듯이
보살도 이와 같은 삼매를 얻어
헤아릴 수 없이 많은 부처님을 친견하며,

부처님을 친견함에 형상으로 보지 않고
오로지 십종력(十種力)11) 만을 보느니라.

"세간 사람들이 탐욕을 가지는 것과는 달리
모든 독을 소멸시켜 청정해져서
다시는 생각을 일으키지 아니하면
보살도 이와 같이 공덕을 얻느니라."

이 경을 듣고 따르기를 열반과 같이 하며,
이 법이 공하고 공함을 들으면 두려움이
없느니라.
나는 마땅히 이와 같이 경을 설하여
모든 사람들로 하여금 불도를 얻게 하느니라.

부처님께서 말씀하시기를,

---

11) 十種力: 佛의 열 가지 능력과 菩薩의 열 가지 능력. 이하 十八不共法 참조.

"나의 비구 아난이 총명하여
경을 듣고 곧 수지하는 것처럼
보살도 이와 같이 삼매를 체득하여
헤아릴 수 없이 많은 경전을 듣고 모두
수지하느니라."

부처님께서 말씀하시기를,

"아미타불찰의 모든 보살들이
항상 헤아릴 수 없이 많은 부처님을
친견하듯이,
보살도 이와 같이 삼매를 얻어
항상 헤아릴 수 없이 많은 부처님을
친견하느니라.

믿음에 항상 애심(哀心) 있으니,
비유컨대 목마른 자 마실 것을 원하듯이
항상 지극한 대자비로 세속사를 버리고

경을 지녀 즐거이 보시하면
청정해져서 멀지 않아 삼매를 얻으리라."

제4 비유품(譬喩品)

부처님께서 발타화에게 말씀하시기를,

"삼매를 구하는 보살이 이미 삼매를 얻었다고 하여 정진하지 않는다면 비유컨대 다음과 같느니라.

발타화여! 어떤 사람이 배에 귀한 보배를 가득 싣고 대해를 건너려고 하였지만 미처 이르지 못하고 배가 부셔져 버리니 사바세계의 사람들은 모두 크게 슬퍼하기를 자신이 보배를 잃었다고 여기는 것과 같느니라.

이와 같이 발타화여! 보살이 이 삼매경을 듣고도 사경하지 않고, 배우지 않고, 독송하지 않고, 법을 수지하지 않으면 일체 하늘과 사람들 모두가 크게 슬퍼하고 걱정하여 말하기를, 자신이 보배로운 경전을 잃었다고 하니, 이는 이 깊은 삼매를 잃었기 때문이니라."

부처님께서 말씀하시기를,

"이 삼매경은 부처님께서 부촉하신 바이며, 칭송하신 바이니라. 이 깊고 미묘한 삼매경을 듣고도 사경하지 않고, 배우지 않고, 독송하지 않고, 호지하지 않고, 여법히 수지하지 않는 자는 어리석음을 되풀이하여 스스로 고만(高慢) 하느니라. 이 경의 뜻은 받아들이지 않고 높은 재주만 바래서 오히려 이 삼매를 즐거이 배우지 않느니라.

비유컨대 발타화여! 어리석은 사람에게 어떤 사람이 한 줌의 전단향을 주지만 그것을 기쁘게 받지 않고 오히려 더러운 전단향을 준다고 말하였다. 그것을 준 사람이 그에게 말하기를, '이것은 전단향이니 그대는 더럽다고 말하지 말라. 먼저 받아 냄새를 맡아보면 향인지 아닌지 알 것이며, 시험 삼아 이것을 살펴보면 깨끗한지 더러운지를 알 것이다.' 어리석은 사람이 눈을 감고 보지도 않고 굳이 냄새도 맡지 않으려고 하는 것과 같느니라."

부처님께서 말씀하시기를,

"이 삼매를 들은 자가 이와 같이 받아들이려 하지 않고 도리어 버리는 것은 계를 지니지 않는 사람이며, 오히려 진귀하고 보배로운 경전을 버리는 것은 어리석고 무지(無智)하기 때문이다. 스스로 선정을 얻어 구족하게 해탈했다라고 하면서 오히려 세간을 유(有)라고 하여 공에 들지도 못하고, 무(無)에 대해서도 알지 못하니, 이 사람은 이 삼매경을 듣고서도 기뻐하지도 않고, 믿지도 않으며, 삼매에 들지도 못하느니라. 오히려 경솔하게 희롱하여 말하기를, '부처님께도 심오한 경전이 있는가, 또한 위신력이 있는가, 아난과 같은 비구가 있을 수 있겠는가'라고 세간에 말을 퍼뜨린다."

부처님께서 말씀하시기를,

"그 사람들은 이 삼매경을 지닌 사람들을 따라다니면서 가는 곳마다 삼삼오오 모여서 서로 말하기를, '이 말은 무슨 뜻이냐, 또 이것은 어디서 나왔느냐'라고 하면서 '너희들 스스로 모여서 만든 것일 뿐이지 이 경은 부처님께서 설한 것이 아니다[僞經說]'라고 하느니라.

부처님께서 발타화에게 말씀하시기를,

"비유컨대 장사하는 사람이 마니주를 가지고 농사짓는 어리석은 사람에게 보이니 그 사람이 장삿군에게 묻기를, '이것은 얼마짜리인가'라고 하니, 장삿군이 '한밤중 어두운 곳에 이 마니주를 가져다 두면 그 밝기가 그 곳을 가득 비출 수 있는 보배다'라고 답했다."

부처님께서 말씀하시기를,

"그 사람이 마니주의 가격을 전혀 알지 못하고 오히려 이 마니주에 대해서 반문하여 말하기를, '그것은 능히 소 한 마리 값이 되지 않을까'라고 하면서 '차라리 소 한 마리와 바꾸려고 하는데 생각해 보니 이보다 더 비싸지는 않을 것 같으니, 나에게 주는 것이 좋을 것인데 싫으면 그만 두라'고 하였다. 이와 같이 발타화여! 그 사람이 이 삼매를 듣고도 믿지 않고 반대하는 모습은 이 경에서 말한 바와 같느니라."

부처님께서 말씀하시기를,

"만약 보살이 이 삼매를 지니고 받아 믿는 자는 바로 수행하므로 사방에서 모두 옹호하기 때문에 두려움이 없으며, 계행(禁戒)을 완전히 갖추어 지니므로 훌륭하게 되느니라. 슬기롭고 깊은 지혜로 남을 위해서 이 삼매를 설하느니라. 보살이 마땅히 이 삼매를 지녀 널리 사람들에게 가르쳐서 점점 서로 전해지면, 당연히 이 삼매는 오랫동안 머물 것이니라."

부처님께서 말씀하시기를,

"어리석은 사람은 스스로 전세에 부처님 전에 공양도 하지 않고, 공덕도 짓지 않으면서 오히려 자신이 잘난 체 하고 많은 비방과 질투를 행하면서 재물과 이익을 탐하느니라. 오직 명예만 구하면서 시끄럽게 떠들므로 선지식을 만나지 못하느니라. 또한 경에 대해서도 밝지 못하여 이 삼매를 듣고도 믿지 않고, 즐거워하지 않으므로 삼매 중에 들어가지 못하느니라. 오히려 사람들에게 비방하여 말하기를, 그는 부끄러운 줄도 모르면서 자기들이 이 경을 만들었을 뿐이지, 이 경은 부처님께서 설하신 것이 아니라고 말하느니라."

부처님께서 발타화에게 이르시기를,

"지금 내가 그대들에게 갖추어 말하노니, 이와 같이 발타화여! 보살도를 구하는 선남자·선여인들이 이 삼천국토에 가득찬 진보로써 부처님께 보시한다 할지라도 그 공덕은 이 삼매를 듣는 것만 같지 못하느니라.

만약 어떤 보살이 이 삼매를 듣고 즐거이 믿는 자[信樂者]는 그 복이 몇 곱절로 늘어나느니라."

그 때에 부처님께서 찬탄하여 말씀하시기를,

"이 삼천국토에 가득 찬 진귀한 보배로 부처님께 보시하여 부처를 구하는 것 보다도 어떤 사람이 이 삼매를 지님으로써 부처님에게 칭찬을 듣고 믿는 자는 그 복이 몇 곱절이나 더 많느니라. 부처님께서 말씀하시기를, 미혹하여 잘난 체 하고 믿지 않는 자와 악지식을 섬겨서 이 경을 듣고도 믿지 않고 즐거워하지도 않으면 이것은 나의 경전 가운데 있어서 원수와 다름이 없느니라. 이처럼 계를 지키지 않는 사람이 자만[自大]에 차 있으면 다른 사람들이 점차로 그 말을 듣고 그것을 따라 믿으니 이것은 불법을 파괴하는 것이 되느니라. 그 사람이 서로 일러 말하기를, 이 경은 부처님께서 설하신 바가 아닌 것이라고 하면 그것은 바로 부처님을 비방하는 것이 되느니라."

부처님께서 말씀하시기를,

"이 삼매를 믿는 자가 있으면 그 사람은 숙세에 일

찍이 과거불을 친견하였느니라. 이미 이러한 까닭으로써 나는 이것을 믿는 자를 위하여 이 삼매를 설할 뿐이니라. 이런 부류의 사람은 항상 불법을 보호하고, 이 경을 듣고 즐거이 믿는 자는 마땅히 부처님을 떠나 멀리 있지 않다는 것을 알아야 하느니라. 만약 계를 굳게 지키는 자는 항상 바른 마음으로 경을 공경하느니라. 내가 이런 연고로써 이러한 사람을 위해서 설할 뿐이니라."

부처님께서 발타화보살에게 이르시기를,

"내가 설하는 바와 다름이 없느니라. 그 때문에 이와 같은 말을 설할 뿐이니라. 지금 내가 이 삼매를 설하는 것을 보는 자는 오히려 후세에 이 삼매를 듣고 마침내 의심하지 않고, 비웃지 않으며, 믿지 않는다고 말하지도 않을 것이며, 그릇된 스승 곁에 가지 않고 바로 훌륭한 스승 곁에 있게 될 것이다. 이와 같이 공덕이 적은 무리들은 또한 더욱 나쁜 스승을 섬기게 될 것이다. 이런 무리의 사람들은 이 삼매를 듣고도 믿지 않으며, 즐거워하지도 않고, 그 속에 들어갈 수도 없다. 왜냐하면 그 사람들은 오래 배우지도 않고 다시 부처님에 대한 믿음도 적으며, 지혜도 적기 때문에 믿지 않을 것이다."

부처님께서 발타화에게 이르시기를,

"어떤 보살이 이 삼매를 듣고 비웃지 않고 비방하지도 않는 자는 기뻐하여 의심하지 않고, 믿는다든가 믿지 않는다고 말하지 않으며, 즐거이 사경하고 즐거이 배우며 즐거이 독송하고 즐거이 수지하느니라."

부처님께서 말씀하시기를,

"내가 다 미리 알고 미리 보건대, 이미 그 사람은 오직 한 부처님에게만 공덕을 지은 것이 아니라 두 부처님 세 부처님 혹은 열 부처님만이 아닌 모든 수백 부처님 처소에서 이 삼매를 들었느니라. 오히려 후세에 이 삼매를 듣는 자가 경전을 쓰고 배우며 독송하고 지니기를 최후의 하루 낮 하루 밤까지 하면 그 복덕은 헤아릴 수 없이 많느니라. 스스로 아유월치(阿惟越致)의 경지에 이르기를 소원하는 자는 얻을 수 있느니라."

부처님께서 발타화에게 이르시기를,

"내가 비유를 설할 테이니 들어라. 비유하면 발타화여! 어떤 사람이 한 불국토를 가져서 모두 티끌처럼 부수고, 그 사람이 이 하나의 티끌을 가지고 또 모두 부수어 한 불국토의 티끌처럼 만들며, 모두 다시 낱낱의 티끌을 가지고 또다시 부수어 한 불국토의 티끌처럼 만드느니라. 어떠하냐 발타화여! 이 티끌은 그 수가 얼마나 많겠느냐?"

발타화가 말씀드리기를,

"매우 많습니다, 부처님[天中天]이시여."

부처님께서 발타화에게 이르시기를,

"내가 그대들을 위하여 이 비유를 인용하리라. 만약 어떤 한 보살이 한 티끌을 가지고 한 불국토에 두어 그 수가 그 불국토의 수만큼 많아 그 불국토에 진보를 가득 채워 그것을 가지고 제불에 공양한다고 해도 이 삼매를 듣는 것 보다는 못하느니라. 다시 한 보살이 이 삼매를 듣고서 사경하고 배우며 독송하고 지녀서 다른 사람을 위하여 설하기를 잠깐만 하여도 이 보살의 공덕은 또한 헤아릴 수 없느니라."

부처님께서 말씀하시기를,

"이 삼매를 지닌 자가 사경하고 배우며 독송하고 지녀서 다른 사람을 위하여 설한다면 그 복 또한 그러하니라. 하물며 이 삼매를 지키고 다 구족한 자이겠는가."

부처님께서 그 때 게송으로 말씀하시기를,

    삼천대천세계의 국토에
    진보를 가득 채워 보시하더라도
    이 경전을 듣지 않으면
    그 공덕과 복이 적음이라.

    보살이 온갖 덕을 구하려 하면
    마땅히 이 삼매를 강의하고 봉행하고
    속히 이 경전을 독송할지니
    그 공덕과 복이 한량없음이라.

저 한 불국토의 티끌세계를
모두 부수어 티끌로 만들어도
그 제불국토가 이 수보다 많으니
그 속에 진보를 가득 채워 보시하여도
세존의 사구의 뜻을 수지하여
사람을 위해서 설한다면
이 삼매는 제불의 지혜이니
그것을 듣는 공덕은 비교할 바 없느니라.

하물며 어떤 사람이 몸소 강설하고
수지하며 독송을 일념으로 잠깐동안 하고
더욱더 증진해서 봉행하는 자는
그 공덕과 복이 한량없느니라.

설령 일체가 다 부처가 되어
성스럽고 청정하며 제일가는 지혜가
다 억겁동안 그 수를 지나더라도
한 게송을 강설하는 공덕과 같느니라.

열반을 찬탄하는 복덕에서
무수억겁 동안 다 찬탄하여도
그 공덕을 다할 수가 없듯이
삼매의 한 게송의 공덕도 그러하니라.

모든 부처님 나라의
사방과 사우(四隅)와 상하에
진보로 가득 채워
부처님께 공양하여도

이 삼매를 듣는 자가
얻는 복덕은 그보다 많으며
자세히 독송하고 강설하는 자는
그 공덕을 견줄 수 없느니라.

어떤 사람이 끝내 자만심을 일으키지 않고
악도에도 나아가지 않으며
깊은 법을 알아서 의심하지 않은 것은

삼매를 행한 덕이 이와 같느니라.

배우는 사람이 나를 보고 받들며
덕을 존중하고 정진하여 집착하지 않아
믿음과 지혜를 더하는 보살이 되어
힘써 삼매를 배우면 부처님께서 칭찬하리라.

그대들에게 부촉하노니 항상 가르침을
권장하면서
힘써 정진하여 게으르지 말고
스스로 용맹정진하면
대도를 얻어 다시는 윤회하지 않으리라.

이 삼매를 수지독송하여
면전에서 백천의 부처님을 친견하면
설사 최후에 큰 두려움 만나더라도
이 삼매를 지녔으므로 두려울 것이 없느니라.

이것을 행하는 비구가 나를 보고
항상 부처님을 따라 멀리하지 않으며
보살이 삼매를 듣고 닦아서
뜻을 마땅히 수지하여 남을 위해 설해야
하느니라.

보살이 이 삼매를 얻으면
그것을 널리 통달한 지혜라고 이르니
다라니를 체득하여 부처님께 칭찬받으니
곧 불도를 이루어 지혜가 바다와 같느니라.

항상 이 삼매를 독송하고 설하며
마땅히 불법인 세존의 가르침을 쫓으면
그 종성(種姓)이 등각을 얻을 수 있음을 듣고
부처님이 설한 바와 다름이 없느니라.

반주삼매경《般舟三昧經》
중 권

무심 보광 국역

제5 무착품(無着品)

부처님께서 발타화에게 이르시기를,

"이 보살의 삼매는 마땅히 어떠한가 하면, 가령 부처님께서 지금 너희들에게 애써 경을 설했던 것처럼 보살이 마땅히 그와 같이 염하면 모든 부처님이 모두 앞에 나투시게 되느니라. 마땅히 제불의 단정함을 구족하게 염하여 모든 하나하나의 상호를 속히 친견하고자 하려면 마땅히 알음알이로는 능히 제불의 정상(頂上)까지를 볼 수 있는 자가 없음을 생각해야 하느니라.

모두 구족하게 이와 같은 생각을 지으면 제불을 친견하며 마땅히 이와 같이 염하면 내 몸도 또한 마땅히 그와 같이 체득할 것이며, 또한 마땅히 신상(身相)도 이와 같이 체득하며, 또한 마땅히 지계삼매도 이와 같이 체득하며, 마땅히 이와 같은 생각을 지으면 우리들은 마음을 따라 얻으며 몸을 따라 얻느니라.

다시 생각을 지으면 부처는 또한 마음을 써서 얻는

것이 아니고 몸을 써서 얻는 것도 아니며, 또한 마음을 쓰지 않고도 부처를 얻으며, 몸을 쓰지 않고도 부처를 얻느니라. 왜냐하면 마음이라고 한다면 부처는 마음이 없고, 형상[色]이라 한다면 부처는 형상이 없으므로 이와 같은 마음과 형상[心色]을 쓰지 않고도 아뇩다라삼먁삼보리를 얻을 수 있기 때문이니라. 왜냐하면 부처님은 색신을 다하시었으며, 부처님은 고통에 대한 생각과 생사에 대한 생각을 다했기 때문이니라. 부처님께서 다했다라고 설한 뜻을 어리석은 사람은 보지 못하고 알지 못하지만 지혜로운 사람은 이것을 훤히 알아서 이와 같이 염을 해야 하느니라. 마땅히 어떠한 생각으로 부처를 얻으며, 어떠한 몸으로 부처를 얻으며, 어떠한 지혜로써 부처를 얻을 것인가 하면 다시 이와 같이 염하기를, 또한 몸을 써서 부처를 얻으려고도 하지 말고, 지혜를 써서 부처를 얻으려고도 하지 말아라. 왜냐하면 지혜는 구한다고 해서 능히 얻어지는 것이 아니고 자기 스스로 나를 구한다고 해서 마침내 얻어지는 것도 아니니라.

또한 얻을 것도 없고 볼 것도 없느니라. 일체법은 본래 있는 바가 없는데 있다[有]라고 생각하는 것은 집착으로 인한 것이며 유와 무를 오히려 있다라고 한다면 이것 역시 집착이니라. 이러한 두 가지에 대해서도 염하지 말며 그렇다고 하여 다시 적당하게 그 가운데서 얻으려고 하지 말아라. 다만 이렇기 때문에 양극단[邊際]에도 있지 않고 그 중간에도 있지 않으며 또한 중간에 있는 것도 아니며, 유도 아니고 또한 무도 아니다. 왜냐하면 제법은 공하여 열반과 같으며 부서지지도 않고 썩지도 않으며, 견고하지도 않으며 그렇다고 하여 그 중간에 있는 것도 아니며, 양끝에도 있지 않으며 생각이 있는 것도 아니고 동요하는 것도 아니다. 그러면 무엇을 동요하지 않는다라고 하는가 하면, 지혜로운 사람은 사량하지 않으므로 움직이지 않는다라고 하느니라.

이와 같이 발타화여,

보살이 부처님을 친견함에 있어 마음으로 염함에 집착함이 없어야 하느니라. 왜냐하면 있는 바가 없음을 설했기 때문이니라. 경전에서 있는 바가 없음을 설했으므로 그 속에는 본래 무너지고 본래 끊어졌음에 집착해서는 안되느니라. 이것을 가지고 집착할 바가 없다고 하느니라.

이와 같이 발타화여,

이 보살이 이 삼매를 지키려면 마땅히 부처를 친견해야 되지만, 부처를 집착해서는 안되느니라. 만약 부처를 집착하는 것은 스스로를 태우는 것과 같느니라. 비유컨대 큰 쇳덩어리를 불 속에 집어넣어 태우면 새빨갛게 되는 것과 같느니라. 그런데 지혜로운 사람은 손으로 잡지 않는데 왜냐하면 손을 태우기 때문이니라.

이와 같이 발타화여,

보살이 부처님을 친견하려면 마땅히 집착하지 말아야 하느니라. 색이나 고통이나 생각이나 생사나 알음알이에 집착하지 말아야 하느니라. 왜냐하면 집착이라고 함은 몸을 태우는 것과 같느니라. 부처를 친견하려면 마땅히 그 공덕을 염해야 하며, 대승법을 구해야 하느니라."

부처님께서 발타화에게 이르시기를,

"이 보살이 삼매 중에 있어서 집착하는 바가 있어서는 안되느니라. 집착하지 않는 자는 속히 이 삼매를 얻게 되느니라."

그 때 부처님께서 게송으로 말씀하시기를,

새로 닦은 거울이나 기름 가득찬 그릇에
치장한 여인이 스스로 모습 비추어 보면
그 가운데 음욕심 일어나는 것처럼
방일한 모습에 점차 미혹되네.

지성스럽지 아니하여 헛되게 법을 버리고
색을 쫓아 그 몸 사르면
여인의 재앙 이로부터 일어나니
제법이 무상하여 공함을 알지 못한 소이로다.

상(想)이 있는 보살 또한 이와 같으니
내 마땅히 성불하여 감로법 얻어
인민의 고통 해탈코져 하나
사람에게 상(想)이 있어 알지 못하네.

사람의 본성 구하여도 얻지 못하며
생사와 열반 또한 본래 없나니
물에 비췬 달과 같이 제법은 품을 수 없어
불도를 관찰하니 돌아갈 곳 없네.

총명한 보살은 마땅히 이를 알아
세간이 다 본래 없음을 터득하여
모든 사람과 사물에 집착 없으면
속히 세간에서 불도를 얻으리.

제불은 마음 따라 도를 얻나니
마음은 청정하고 밝아 때 없으며,
오도(五道)[12]는 청결하여 색에 있지 않나니

이것을 깨닫는 자는 대도를 성취하도다.

제법에는 형색(形色)과 번뇌 없으며
상을 여의면 공하여 공한 생각조차 없어
음욕 끊은 즉시 마음 해탈하니,
이를 아는 자 삼매 얻으리.

정진봉행하여 불도 구하고
항상 제법이 본래 청정함 들어서
무득행(無得行)을 구하면 구해지지 않음이
없으니
이 삼매 얻기 어렵지 않으리.

유(有)를 관찰하니 허공과 같고
도의가 적멸함을 제일로 살피며
상(想)도 지음도 들음[聞]도 없으면
이는 존귀한 불도를 요달하리라.

---

12) 五道: 地獄 餓鬼 畜生 人 天 등 다섯 종류의 有情世界.

일체 색을 봄에 있어 상염하지 않고
눈은 집착하는 바 없어 오고 감 없으며
항상 제불을 허공처럼 관하면
이미 세간의 구하는 바 모두 해탈하리라.

이 사람 청정하여 눈에 때 없으니
봉행정진하여 항상 고요하며,
무량한 경법(經法) 모두 수지하고
삼매를 사유하여 분별하리라.

이 삼매 행하여 집착하는 바 없으면
모든 어리석음 제하여 선정 얻어서
부처도 봄이 없고 현성도 없나니
모든 외도 이를 듣고 의혹 일으키네.

생각을 초월하여 마땅히 뜻을 구해야
마음이 청정하여 부처를 보며
부처를 볼 뿐 다시 보려고 하지 않으면

이로써 존귀한 삼매를 알리라.

지 · 수 · 화도 능히 장애치 못하고
바람과 허공도 덮지 못하니,
이러한 정진 행하여 시방을 보면
앉아서 아득히 가르침을 들으리라.

여기서 내가 경을 설하는 것처럼
불법 즐기는 자 면전에서 부처님 친견하리니
부지런히 수행하되 집착하지 말고
오직 세존께서 설하신 법에 따르라.

이와 같은 수행자 생각한 바 없이[無所念]
오로지 불법 들어 법시(法施) 일으키고
마땅히 염하여 삼매 깨달아
두루 분명히 부처님 설하신 바
수지독송하여라.

과거 제불이 모두 이 법을 논하고
또한 미래 세존도 이와 같으니
뜻을 분별하여 찬설하고 선포하며
모두 이 삼매 강설을 찬탄하리라.

나 이와 같이 사람 중에 존귀하고
세간에서 위없는 중생의 어버이 되어
모든 도안(道眼) 깨달아
해설하고 고요한 삼매[寂三昧] 보이노라.

대저 이 삼매 들은 바 있으면
항상 몸은 안온하고 마음 또한 거칠지 않으니,
이는 제불의 무량한 공덕이므로
존귀한 불도 얻어 이르기 어렵지 않으리.

널리 많은 경전 모아 논쟁하지 말고
일체제불의 가르침에 이르고져 하면
속히 모든 번뇌 버리고

정진하여 이 청정한 삼매[淨三昧] 행하여라.

현세에서 무수한 부처님 친견코져 하면
모든 부처님 따라 즐거이 법을 들으며
속히 형상을 버려 집착 없애고
이 청정하고 고요한 삼매를 행하여라.

이와 같이 탐욕과 성냄 없애며
어리석음을 떠나 사랑도 미움도 버리고
무지도 버리고 의심도 없애니
이와 같이 공삼매(空三昧) 얻으리라.

제6 사배품(四輩品)

발타화보살이 부처님께 사뢰기를,

"천중천에 삼매를 설하는 자에게 여쭙기를 만약 어떤 보살이 애욕을 버리고 비구가 되어 이 삼매를 듣고 나서 마땅히 어떻게 배우고 어떻게 지니며 어떻게 행해야 하겠습니까?"

부처님께서 말씀하시기를,

"어떤 보살이 애욕을 버리고 비구가 되어 마음에 이 삼매를 배우려고 원하는 자, 삼매를 독송하려는 자, 삼매를 가지려는 자는 마땅히 청정하게 계를 지켜, 계를 어기기를 털끝만큼 하여도 얻지 못하느니라. 무엇을 보살이 계를 어기기를 결여하지 않는다고 하겠는가? 일체 모든 금법을 지켜 출입의 행법을 실로 마땅히 지켜야만 하느니라. 계를 어기기를 털끝만큼 해도 안되느니라. 항상 마땅히 두려운 마음으로 아부를 멀리 해야 하느니라. 실로 마땅히 금계를 지켜야 하느니라. 이 지킴을 행하는 자, 이를 청정지계라 하느니라. 무엇을 보살이 계를 결여하는 자라고 하겠는가? 이 보살은 색을 구함을 말하느니라. 무엇을 색을 구한다고 하겠느냐. 그 사람 마음에 염하나니, 이 공덕을 가지고 내가 다음 생에 태어나서 혹은 천신이 되고 혹은 전륜성왕이 되려고 하느니라."

또 부처님께서 말씀하시기를, "이런 비구나 보살을 계를 결여했다고 하느니라. 그 사람이 오랫동안 이 행을 지키고, 계를 지키고, 이 스스로 지킨 복을 가지고 태어나는 곳에서 애욕을 즐기려고 원하느니라. 이를 파계라 하느니라."

부처님께서 발타화에게 이르시기를,

"이 보살이나 비구가 이 삼매를 배우기를 원한다면 청정한 계를 지니고 모두 갖추어 이 계를 지켜, 아첨하는 계를 가지지 말며, 지자를 위해 칭송하며, 나한을 위해 칭송해야만 하느니라. 경중에 있어서 마땅히 보호해야 하며, 마땅히 정진해야만 하느니라. 염하는 바가 강해서 믿음을 많이 해서 권장함을 즐겨야 하느니

라. 항상 화상을 계승하고 마땅히 좋은 스승을 계승해야만 하느니라. 따라서 이 삼매를 듣는 바가 있으면, 이 삼매를 듣는 바의 도리를 마땅히 그 사람을 보기를 부처님과 같이 해야 하느니라.

부처님께서 발타화에게 이르시기를,

"이 보살로 하여금 스승을 보기를 부처님을 친견하는 것과 같이 하는 자는 신속히 삼매를 얻느니라. 만약 좋은 스승을 공경하지 않고 가볍게 여기고, 스승을 기만하면 설령 오랫동안 삼매를 배우고 오랫동안 지니고 오랫동안 행하여도 설령 스승을 공경하지 않으면 빨리 이것을 잃게 되느니라."

부처님께서 발타화에게 이르시기를,

"이 보살이 만약 비구·비구니·우바새·우바이가 있는 곳에 가서 이 삼매를 들으면 마땅히 부처님 보는 것과 같이 해야만 하느니라. 삼매를 듣는 바의 도리를 마땅히 존경해야만 하느니라."

부처님께서 발타화에게 이르시기를,

"보살이 이 삼매를 듣는 바의 도리를 마땅히 아첨하

는 마음을 가지고 대해서는 안 될 것이니라. 이 보살은 아첨을 하지 않느니라. 항상 마땅히 즐거이 혼자 한 곳에 머물러 몸과 목숨을 아끼지 않고, 사람들이 구하는 바를 희망하지 않느니라. 항상 걸식하고, 별청을 받지 않으며, 질투를 하지 않고, 스스로 절도를 지켜, 여법에 머물러 소유를 조속히 만족해야 하느니라. 경행하여 게으름을 피워서도 안되며, 눕거나 출입을 삼가야 하느니라."

"이와 같느니라. 발타화여, 이와 같이 경 가운데에서 가르치느니라. 대저 애욕을 버려 비구가 되어 이 삼매를 배우면 마땅히 지키기를 이와 같이 해야 하느니라."

발타화보살이 부처님과 아난, 천중천에게 사뢰기를,

"설하는 바의 법은 만약 후세에 게으른 보살이 있어 이 삼매를 듣고 나서 오히려 정진하지 않고, 그 사람이 스스로 염하기를, 나는 마땅히 장래에 당래의 부처님 곁에서 이 삼매를 구할 뿐이라고. 어떻게 말하겠습니까? 저의 친구는 몸이 피로로 인해 허약하니 아마

이 경을 구하여 듣지 못하며 이미 게을러 정진하지 않고 있습니다. 만약 또한 보살이 정진하는 자가 있어 이 경을 배우려고 원하면 마땅히 이것을 가리켜야 할 것입니다. 이 경 가운데 법에 따라 가리키니, 이 경으로 인하여 목숨을 아끼지 않고, 세간 사람들이 얻는 바를 바라지 않으며, 사람이 칭송하는 자가 있어도 일부러 기뻐해서는 안되니, 발우와 침구와 의복을 탐내지 말며, 애모하는 바가 없으며, 항상 욕심이 없습니다. 이 경을 듣고 게으름을 피우지 않고, 항상 정진합니다.

그 사람이 '나는 내세에 부처님 처소에서 삼매를 구하려고 생각하지 않겠습니다.' 스스로 염하기를 '나의 근육·뼈·골수·살이 다 여위고 썩는 한이 있더라도 이 삼매 배우기를 끝내 게을리 하지 않겠습니다.' 또 스스로 '나의 목숨이 다 할 때까지 게으르지 않으며, 또한 이 경을 듣고 나서도 기뻐하지 않을 수 없다.'라고 염할 것입니다.

그 때 부처님께서 말씀하시기를,

"착하고 착하도다 발타화여! 그대가 말한 바와 다름이 없으니 나도 함께 기뻐하며 과거·미래·현재의 모든 부처님께서도 함께 기뻐하느니라."

이 때에 부처님께서 게송으로 말씀하셨다.

지금 내가 설한 법 같이
모든 것 배워 고요한 곳에 머물러
공덕 행하여 스스로 절제 하면
이 삼매 얻기 힘들지 않으리.

항상 걸식하고 별청 받지 말며
모든 욕락 흔쾌히 버려,
이 삼매 듣고 따르며
법사 공경하길 부처님 같이 하라.

이 삼매 염송하길
항상 부지런히 정진하며

경법에 인색하지 말고,
공양 구함 없이 경을 베풀어라.

이 삼매 수지하는 자
불제자라 하며
배워 봉행하길 이같이 하면
멀지 않아 삼매 얻으리라.

항상 끊임없이 정진하며
졸음 쫓아 마음 열어
악지식 멀리한 후
이 법 따라 행하여라.

방일함을 없애어 쉬지 말고
항상 여럿 모이는 곳 멀리하는
비구가 이 삼매 구하려면
부처님 가르침 따라 마땅히 이와 같이 하여라.

발타화보살이 부처님께 사뢰기를,

"비구니가 보살도를 구함에 이 삼매를 배우고 지키고자 하면 마땅히 어떠한 법을 지녀야 이 삼매를 배우고 지키는데 머무를 수 있겠습니까?"

부처님께서 발타화에게 이르시기를,

"비구니가 대승법13)에 듦을 구하여 이 삼매를 배워 지키고자 하는 자는 마땅히 겸손히 공경하며, 질투하지 말고, 성을 내지 말며, 스스로 교만함을 버리고, 스스로 귀하게 생각함을 버리며, 게으르지 말라.

마땅히 정진하여 잠자지 말고, 눕거나 출입을 삼가하며, 재물이나 이익을 다 버리고, 모든 것을 정결하게 호지하여라.

신명을 아끼지 말며, 항상 마땅히 경을 좋아하며, 많이 배우기를 구하여라.

마땅히 음욕과 성냄과 어리석음을 버려 번뇌의 그물에서 벗어나야 한다.

마땅히 좋은 의복과 장신구로 치장하지 말고, 나쁜

---

13) 摩訶衍(mahayāna): 大乘이라 번역됨.

말을 하지 말며, 좋은 발우와 의복를 탐하지 말고, 다른 사람들의 칭찬을 받기 위하여 아첨하지 말라.

　이 삼매를 배울 때에는 마땅히 선지식을 공경하여 부처님 뵙는 것과 같이 해야 하며 이 경전 가운데의 가르침을 받들어 이 삼매를 지켜라.

　그 때 부처님께서 게송으로 말씀하시기를,

　　비구니들이여, 공경 행하여
　　질투하지 말고 성냄 떠나
　　교만 없애고 자만 버릴지니
　　이를 행하는 자 삼매 얻으리.

　　마땅히 잠을 멀리 하고 정진하며
　　욕심 버리고 목숨도 탐하지 말며
　　일심으로 이 법 사랑할지니
　　이와 같이 삼매 구하여라.

탐욕과 음욕심을 좇지 말고
성내고 어리석음도 버려
마군의 그물에 떨어지지 말지니
이와 같이 삼매 구하여라.

만약 이 삼매 배우려 하면
희롱 없애 몸에 집착 말며
일체 모든 의심 버리고
헛되이 꾸미지 말고 지성으로 하라.

작은 사랑 버리고 항상 큰 사랑으로
선지식 공경하되 자신 세우지 말며
마땅히 모든 악을 떠날지니
이와 같이 삼매 구하여라.

수행하여 법 구하려 하면
발우와 의복에 탐착하지 말며
사람을 좇아 이 삼매 들으면

부처님 보는 것과 다름이 없네.

발타화보살이 부처님께 사뢰기를,

"만약 재가보살이 집에서 도를 수행하기 위하여 이 삼매를 듣고 나서 배우고 지키려고 원하는 자는 마땅히 어떻게 이 법 가운데 들어가 삼매를 배우고 지킬 수 있겠습니까?"

부처님께서 발타화에게 이르시기를,

"재가보살이 이 삼매를 듣고 나서 배우고 지키려 하는 자는 마땅히 오계를 지니기를 견고하고 정결하게 유지해야 하느니라. 술을 마시지도 말고, 남에게 권하지도 말아야 하느니라. 여인과 정 통하기를 스스로 하지도 말고, 또한 다른 사람에게 권해서도 안되느니라. 처자에게도 애정을 갖지 말며, 남녀를 생각하지도 말며, 재산을 생각해서도 안되느니라. 항상 처자를 멀리하고, 행을 사문과 같이 하여 팔관재계[八關齋]를 지녀 재를 행할 때는 마땅히 절에서 행해야 하느니라. 항상 보시를 행하되 내가 스스로 그 복을 받아야 한다고 생각하지 말고 만민을 위해 써야 하며, 항상 선지식을 크게 받들어야 하느니라. 계 지키는 비구를 보면 가벼이 여기지 말고 그를 나쁘게 말하지 말아야 하느니라. 이와 같이 행하면 마땅히 배우고 이 삼매를 마땅히 지킬 수 있느니라.

그 때 부처님께서 게송으로 말씀하시기를,

재가보살이
삼매를 얻고자 하면
마땅히 배우기를 다하여
마음에 탐욕이 없어야 하네.

이 삼매 외울 때
사문 되길 즐거이 하여
처자 탐해서도 아니되며
재색도 멀리해야 하네.

항상 오계 받들어 지녀
달마다 팔관재 행하되
재는 절에서 행해야
삼매를 배워 통달할 수 있으리.

타인을 나쁘게 말하지 말고
얕보지도 말며
마음으로 영화를 바라지 말아야
마땅히 이 삼매 행할 수 있으리.

모든 경법 공경하여
항상 도 행하길 즐거이 하며
마음에 거짓으로 아첨하지 말고
인색하고 투기하지 말아야 하네.

이 삼매 배우려면
항상 공경 행하며
자만과 게으름 버리고

비구스님 받들어 섬겨야 하네.

발타화보살이 부처님께 사뢰기를,

"만약 우바이가 대승을 성취하고자[摩訶衍三拔致] 하여 이 삼매를 듣고 나서 배우고 지키려고 원하는 자는 마땅히 어떻게 이 법 가운데 들어가 삼매를 배우고 지킬 수 있겠습니까?"

부처님께서 발타화에게 이르시기를,

"만약 우바이가 대승을 성취하고자 하여 이 삼매를 듣고 나서 배우고 지키려 한다면 마땅히 오계를 지니고 스스로 세 가지에 귀의해야 하느니라. 무엇을 셋이라고 하는가 하면, 스스로 부처님께 귀의하고 가르침에 귀의하며, 비구스님들께 귀의하여야 하느니라. 외도를 섬기지 말고, 하늘에 예배하지 말며, 좋은 날을 가리지 말고, 희롱삼아 말을 하지 말며, 자만하지 말고, 탐심을 갖지 말아야 하느니라. 우바이는 항상 보시하는 마음을 내고, 즐거운 마음으로 경을 듣고자 하며, 있는 힘을 다해 배우고 물어야 하느니라. 우바이는 항상 선지식을 공경해야 하고, 싫어하거나 게으름이 없어야 하느니라. 만약 비구나 비구니가 지나가거든 항상 손님의 자리에 모셔서 음식을 접대해야 하느니라."

그 때 부처님께서 게송으로 말씀하시기를,

만약 우바이가
이 삼매 염송하려면
마땅히 불법의 가르침 따라
오계 다 받들어야 하네.

이 삼매 지킬 때
마땅히 부처님과 가르침
비구스님들을 존경하고
선지식 공경해야 하네.

외도 섬기지 말고
하늘에 제사하지 말며

이 삼매 행하는 자
사람을 보면 서서 맞이해야 하네.

살생 도둑질 음욕 없애며
진실로 두 말 하지 말고
술집 가지 말며
마땅히 삼매 행해야 하네.

마음에 탐욕심 품지 말고
항상 보시 생각하며
아첨하는 마음 없애고
남의 단점 말하지 않아야 하네.

항상 비구 비구니를
공경히 섬기고
가르침 듣고 다 받아들여
삼매 배우기 이와 같이 해야 하네.

제7 수결품(授決品)

발타화보살이 부처님께 여쭈기를,

"희유하십니다(少有及;希有) 천중천의 여래(恒薩阿竭)께서 곧 이 삼매를 설하심은 모든 보살이 원하는 바이니, 정진 수행하여 아뇩다라삼먁삼보리를 게을리하지 않겠사옵니다. 부처님께서 열반에 드신 후에 이 삼매는 마땅히 염부리(閻浮利)에 있겠습니까 없겠습니까?"

부처님께서 발타화에게 이르시기를,

"내가 열반한 후에 이 삼매는 마땅히 사십 년 동안은 존재할 것이니라. 그 후에는 나타나지 않으니 사라진 후 난세에 불법이 잠시 끊어지려고 할 때, 모든 비구 또한 불교를 이어 받지 않을 것이다. 그 후의 난세에는 나라들이 서로 전쟁을 일으키느니라. 이 때에 있어서 이 삼매는 마땅히 또한 염부리(閻浮利)에 나타나리라. 부처님의 위신력으로 인하여 이 삼매경이 또한 출현하리라."

발타화보살과 나트나카라(羅隣那竭)보살은 자리에서 일어나 의복을 단정히 하고 부처님 앞에서 합장하고 부처님께 사뢰기를,

"부처님께서 열반에 드신 후 난세에는 저희들은 동료와 함께 이 삼매를 보호하고, 이 삼매를 지니고, 구족하게 사람을 위해 이것을 설하고, 이 경전을 듣게 하여 싫어함이 없게 하겠나이다. 또한 마하수살화보살(摩訶須薩和)·교일도보살·나라다트보살·산드히보살(須深)·인드라타보살(因坻達)·화륜조보살(和輪調) 등이 함께 부처님께서 열반에 드신 후에 세간이 문란해질 때에는 이 경전을 저희 동료들이 함께 스스로 호지해서 불도를 멀리하지 않겠나이다. 이 깊고 깊은 경전을 세간에서 믿는 자가 그리 많지 않사오니 저희들 동료들이 모두 이것을 수지하겠사옵니다."

이 때에 오백 인이 자리에서 일어났다. 비구·비구니·우바새·우바이 등 모두가 부처님 앞에서 합장하고 나아가서 부처님께 사뢰기를,

"부처님께서 열반에 드신 후에 난세에는 이 삼매를 듣고 모두 스스로 옹호하고 지니기를 원하겠나이다."

오백 인의 대중과 이 여덟 보살에게 부촉하실 때 부처님의 미소짓는 입 안으로부터 금색 광명이 나와 시방세계의 헤아릴 수 없는 불국정토에 이르러 모두 다 비추고 돌아와 부처님을 세 번 돌고 머리 위로 들어갔다.

이때 아난이 자리에서 일어나 가사를 수하고 부처님 전에 나아가 부처님께 예배하고 물러나 멈추어 합장하고 게송으로 찬탄하기를,

그 마음은 청정하여 행에 더러움 없으시며
신통 다함없어 큰 변화 일으키시니
이미 모든 장애 떠나 뭇 지혜 초월하시고
광명으로 어둠을 없애 번뇌를 여의시네.

지혜 무량하여 마음 두루 아시고
천중천 부처님은 가릉빈가 소리로

일체 외도 능히 제압하시니
어떠한 연고로 미소지어 미묘한 광명
내시나이까?

원컨대 바르고 진실한 깨달음을 해설하시어
일체 중생 가엾이 여기심 존귀하시니
부처님의 부드러운 음성 들으면
모두 알아 속된 행 성스러워지리.

세존의 느끼심 거짓 없으니
모든 성인 도사들도 비웃지 않으며
지금 누가 수기 중에 있는지를
원컨대 세존이시여 이 뜻을 설해 주소서.

오늘날 누가 도덕 잘 지키고
누가 묘행에 이르르며
누가 지금 심심한 법장을 받아
무상 도덕으로서 중생의 귀의받을 수

있겠습니까.

오늘날 누가 세간 연민히 여겨
누가 이 법의 가르침 받들며
누가 부처님의 지혜 견고히 세울 수 있는지를
원컨대 세존이시여 설해주소서.

이 때 부처님께서 아난을 위해 게송으로 읊으시기를,

부처님께서 아난에게 말씀하시되
너는 보지 않았느냐?
오백명의 대중이 앞에 서서
그 마음 노래하며 기뻐하기를
저희들 또한 이 법에 이르겠습니다라고 함을.

얼굴에 기쁨 가득히 부처님 우러러
저희들 언제나 이와 같은 법 얻게

되겠습니까라고.
모두가 서서 부처님 찬탄하니
저희들 언제나 이와 같은 법
이르겠습니다라고.

지금 여기 오백명의 대중들은
비록 이름 다르지만 근본수행 같나니
항상 즐거이 깊은 경전 받들기를
미래세에도 이와 같이 하겠나이다.

이제 내 부촉하여 그대들에게 이르니
부처님의 지혜 무량하여 근본을 알고
이들은 한 사람이 한 부처님만을
친견하지 않으며
또한 여기에 서지 않고도 그 지혜를 얻으리.

그대의 과거생을 살펴보니
일찍이 팔만 부처님을 친견하고

오백 대중은 도에 들어
항상 경의 뜻을 이해하여 부지런히 행을
성취하였네.

무수한 모든 보살 권유하여
항상 자애(慈哀) 행하여 경법 옹호하며
일체 중생 귀의시켜
모두 대도행(大道行)을 체득케 하네.

과거 모든 세존 친견하여
팔십 억 나유타[那術數]14)에 이르렀고
그 이름과 덕은 넓고 커서 마음 해탈하여
이 법 옹호하고 삼전법륜[三轉行]15) 행하였네.

현세 여기에서 나의 가르침 받아
이 사리 나누어 공양하고

---

14) 那術(Nayuta): 수의 단위로서 那由陀라고도 함.
15) 三轉行: 三轉法輪의 뜻. 三轉은 示轉 勸轉 動轉을 말하는데 苦集滅道의
    四諦에 대한 설명방식을 말함.

편안한 진리 수습하여 부처님 교화받아
모두 다 독송하기를 부촉하네.

탑사와 산중에 머무르면서
천룡과 건다라(乾陀羅)에게도 부촉하고
각각에게 경전 전수해주니
수명이 다하면 천상에 태어나리.

천상 수명 다한 후 세간에 돌아와
각각 다른 가문[種姓]으로 태어나도
다시 이 불도 행하여
이 경 분별하길 원하는 바와 같이 되네.

이 경법 좋아하고 즐기는 까닭에
문득 구하여 얻어 지녀 봉행하고
무수한 사람들로 하여금 듣게 하니
기쁘고 한량없는 마음 견줄 데 없네.

지혜로운 이들은 법을 싫어하지 않으며
몸과 수명 탐하지 아니하고
일체 외도 항복 받아
경법 베풀어 그 뜻 넓히네.

이 경법을 능히 얻고 지녀
독송하고 강설할 자 없으나
지금 내 앞에 있는 사부대중인
오백 대중은 능히 지켜 감당할 수 있으리.

이 여덟 보살인 발타화
나트나카라·나라다트
마하수살·화륜조
인저달·산드히·교일도 등과

비구·비구니·청신사 등은
현묘한 법 받들어 그 뜻 숭상하고
항상 이 경전의 가르침으로 세간을

가엾이 여겨
방등경 선양하여 널리 유포케 하네.

발타화 등 여덟 보살
오백 대중의 영웅 되어
항상 방등경 봉지하여
세속에 있어도 집착하는 바 없네.

일체 속박 벗어난 공혜(空慧) 알며
자마금색(紫磨金色)과 같은 모든 복덕상은
항상 자애(慈哀)로써 중생 제도하고
베풂이 안온하여 모든 번뇌 사라지네.

이 목숨 다한 후 법가(法家)에 태어나
다시는 삼악도에 돌아가지 않고
세세생생 수순하고 화합하여
그런 후에 존귀한 불도 얻게 되네.

이미 팔난처(八難處)16) 버리고
일체 악도 멀리 하였으니
그 공덕행 칭량하기 어려우며
받는 복덕 무량하네.

마땅히 다시 미륵부처님 친견하여
모두 같은 일심으로 귀의하고
모두 함께 자애(慈哀)로써 공양하니
무상적멸구(無上寂滅句)를 얻으리.

그 마음 온화하게 가져
바른 뜻으로 사람 중에 존귀한 분[人中尊] 섬기고
속세 일에 의지않고 무생법인 증득하여
한시 바삐 무상대도행 얻으리라.

---

16) 八難處 : 三惡道에다 鬱單越·長壽天·聾盲瘖瘂·世智辯聰·佛前佛後의 다섯 가지를 더한 여덟 가지를 말하는데 見佛과 聞法에 장애가 되므로 難處라 함.

그는 항상 이 경법 봉지하길
아침부터 밤 늦도록 독경하며
많은 공덕 심고 범행 닦아
미륵불 친견할 때에도 이와 같이 해야 하네.

이 현겁에 나투신 부처님은
세간을 애민히 여겨 광명 놓으시며
모든 곳에 계시어 널리 법을 지니시니
과거 · 현재 · 미래 불을 받들어 섬겨야하네.

모든 제불 공양하여
삼세불을 친견하면 모든 삼독 없어져서
한시 바삐 존불도(尊佛道)를 체득하니
불가사의함이 한량없네.

그 중에는 전세에 불도 얻은 자 있어
후세인에게 전하여 서로 공양하니
셀 수 없는 나유타겁 동안

이와 같이 마침내 단절하네.

여기에 거사 발타화와
나린나갈·나라달,
수살화·교일도 등은
이미 항하사와 같이 많은 제불 친견했네.

항상 정법으로 교화하고 받들어
제불의 한량없는 가르침 선포하니
도행이 무량하여 일컬을 수 없음이
무수억 겁에 이르렀네.

가령 어떤 사람이 명호를 수지하여
두루 다니는 곳이나 혹은 꿈속에서도
이와 같이 용맹하게 세간 인도하면
모두 마땅히 무상도 체득하리.

만약 부처님 친견하거나 음성 들어

그 마음 흔쾌히 용약(踊躍)하는 자 있으면
모두 불도 얻어 다시는 의심 없으리니
하물며 받들어 공양하는 자이랴!

만약 이를 성내고 비난하여
악의로 질타하는 자 있어도
이 여덟 보살 위신력의 은혜로
불도를 얻을 수 있나니 하물며 공경하는
자이랴!

그 받은 바 법은 불가사의하고
명칭과 수명 무량하며
광명 한량없고 덕 의심없으니
지혜 무량하고 행도 그러하네.

항상 무량한 부처님을 면전에서 친견하니
청정한 계 항사와 같으며
널리 두루 보시 행하여

이로써 무상도를 구하네.

무수억 겁동안 그 복덕 설할지라도
능히 그 공덕 한량없으니
이 경법 받아 독송하는 자는
대도 얻기 어렵지 않으리.

이 경전 흔쾌히 좋아하여
수지독송하고 강설하는 자는
마땅히 알지니 오백인 중의 사람으로서
그 마음 애락(愛樂)하여 마침내 의심없네.

가령 이 경법 베풀어
도를 즐거이 닦고
청정계 행하고 잠을 멀리하면
마침내 이 삼매 얻기 어렵지 않으리.

편안함 얻고자하면 경계(經戒)를 펴고

비구는 가르침 받아 한적한 곳에 머물며
항상 걸식[分衛]17)하여 만족할 줄 알면
마침내 이 삼매 얻기 어렵지 않으리.

모든 번잡함 멀리하여 별청받지 아니하고
입으로 맛을 탐하지 아니하고 애욕 버리며
이 경법 듣고 따르는 자를
세존과 같이 공경하고 항상 공양해야 하네.

간탐 없애고 이 법 수지하여
음욕 끊고 어리석음 버리며
대도 일으켜 마음에 의심없으면
그런 후에 이 삼매 배워 행하리.

집착없이 행하고 모든 욕심 버리며
항상 스스로 삼가하며 분노와 원망 버리고
정진하여 불법 봉행해야 할지니

---

17) 分衛(Piṇḍapāta): 乞食 혹은 團墮라고 함.

그런 후에 이 삼매 배워야 하네.

남녀와 소유를 탐하지 말고
교만심과 처첩 멀리 하며
집에서 도 닦는 것 항상 부끄러워할지니
그런 후에 이 삼매 배우고 외워야 하네.

유순하게 행하여 해치는 마음 없애고
모든 악을 버려 비방함 즐기지 말며
색심으로 구하지 말고 무생법인 얻어
마땅히 이 삼매 독송해야 하네.

만약 비구니가 이 법 배워
항상 공경하여 교만심 버리고
희롱과 거만함 멀리 하면
이 삼매 얻기 또한 어렵지 않네.

항상 정진함에 수면 멀리 하고

나와 남을 분별하지 않으며
법을 즐겨 목숨 아끼지 말지니
그런 후에 이 삼매 배워 외워야 하네.

음욕심 조복받아 집착 버리고
성내는 마음 없이 아첨 버리면
마침내 다시는 마군의 그물에 걸림 없으리니
이 삼매 지녀 이와 같이 얻으리.

모든 중생에게 평등 행하며
방일과 온갖 번뇌 없애고
급한 성격과 거친 말 없앨지니
그런 후에 이 삼매 배워 외워야 하네.

발우·침구·의복을
잠깐일지라도 탐해서는 아니되며
훌륭한 스승 공경하여 뵙기를 부처님 같이 할지니
그런 후에 이 삼매 배워 외워야 하네.

악도 떠나 선함에 이르르며
일심으로 부처님 가르침 즐거이 믿으면
일체 팔난처 멀리 하니
이 경전 지니는 자 이와 같이 얻으리.

제8 옹호품(擁護品)

발타화보살 · 나트나카라보살 · 교일도보살 · 나라다트보살 · 산드히보살 · 마하수살화보살 · 인저달보살 · 화륜조보살이 부처님께서 설하신 모습을 친견하였다. 이 여덟 보살은 모두 크게 환희하여 오백 벌의 겁파육18)의 비단옷과 보배로써 보시하였으며, 몸을 바쳐 스스로 귀의하여 부처님께 공양하였다.

부처님께서 아난에게 말씀하시기를,

"이 발타화 등 오백 보살은 사람들 중의 스승으로서 항상 정법을 지니며, 모여서 가르침에 따라 환희하지 않는 자가 없느니라. 즐거운 마음[歡樂心], 때를 따르는 마음[隨時心], 청정한 마음, 욕심을 버리는 마음 등이 있느니라."

이 때에 오백의 대중이 모두 차수하고 부처님 앞에 일어섰다. 발타화보살이 부처님께 여쭈기를,

---

18) 劫波育(Karpāsa): 달리 劫貝, 劫波羅, 劫波沙라고도 하는 나무의 꽃. 이 꽃은 綿의 재료로서 布를 만드는데 사용됨. 時分樹라고도 번역함.

"보살은 몇 가지 일을 가져야 이 삼매를 얻겠습니까?"

천중천이신 부처님께서 말씀하시기를,

"보살은 네 가지[四事]가 있으면 속히 삼매를 얻느니라. 무엇이 넷인가 하면, 첫째 외도를 믿지 않는 것이며, 둘째 애욕을 끊는 것이며, 셋째 행을 여법히 하는 것이고, 넷째 다음 생을 탐하지 않는 것이니, 이 네 가지로 보살은 속히 삼매를 얻느니라."

부처님께서 발타화에게 이르시기를,

"만약 어떤 보살이 이 삼매를 배우고 나서 혹은 지니거나 독송하거나 지닌다면 금생에 곧 오백 가지의 공덕을 스스로 얻느니라. 비유컨대 발타화여, 자비심이 있는 비구는 끝내 독이 해치지 못하고, 병사가 해치지 못하며, 불이 능히 태우지 못하고, 물에 빠지더라도 죽지 아니하고, 제왕이라 할지라도 그를 해치지 못하느니라. 이와 같이 보살이 이 삼매를 지니면 마침내 독이 해치지 못하고, 병사가 해치지 못하며, 불이 능히 태우지 못하고, 물에 빠지더라도 죽지 아니하고, 제왕이라 할지라도 그를 해치지 못하느니라.

비유컨대 발타화여, 겁이 다하여 타서 없어질 때에도 이 삼매를 지닌 보살은 설사 불 속에 떨어진다고 할지라도 불이 곧 소멸되기가 마치 큰 항아리의 물로써 작은 불을 끄는 것과 같느니라."

부처님께서 발타화에게 이르시기를,

"내가 설한 바는 다름이 없느니라. 이 보살이 삼매를 지니면 혹은 제왕, 도둑, 물, 불, 용, 뱀, 야차, 맹수, 이무기, 교룡, 사자, 호랑이, 늑대, 개, 사람, 사람인 듯 하나 사람 아닌 것, 원숭이, 아귀, 구원귀신(鳩洹鬼神)들이 사람을 희롱하려 하고, 죽이려 하고, 사람의 발우와 침구를 뺏으려 하고, 사람의 선정을 깨려 하고, 사람의 일염을 방해하려 하는데 이와 같이 설사 이 보살에게도 그렇게 하려고 하지만 끝내 해칠 수가 없느니라."

부처님께서 말씀하시기를,

"내가 말한 것과 다름이 없으니, 숙세에 지은 것으로서 받아야 할 것을 제외하고 그 나머지는 받지 않느니라."

부처님께서 말씀하시기를,

"내가 말한 것과 다름이 없으니, 만약 보살이 이 삼매를 지닌다면 결코 눈병이 나지 않으며, 혹은 귀·코·입 등 몸에 병이 없으며, 마음에도 근심이 없고, 액난도 없을 것이니라. 이 보살이 혹은 죽거나 죽음에 임박하여서도 만약 근심이 있다고 하면 부처님 말씀이 틀린다고 할 것이다. 그러나 그가 숙세에 지은 업에 대해서는 예외가 되느니라.

또한 발타화여, 이 보살에 대하여 모든 하늘과 용과 야차와 아수라와 가루라귀신(迦留羅鬼神)·긴나라귀신[眞陀羅鬼神]·마후라가귀신(摩睺羅迦鬼神) 혹은 사람이나 사람이 아닌 것들도 모두 이 보살을 칭찬하였으며, 천중천의 제불도 모두 이 보살을 칭찬하였느니라.

또한 발타화여, 이 보살에 대하여 모든 하늘과 용들과 사천왕과 석제환인과 범중천, 범륜천, 대범천 등 세 범천이 모두 이 보살을 옹호하느니라. 야차귀신·건달바귀신[乾陀羅]·아수라귀신·가루라귀신·긴나라귀신 · 마후라가귀신 혹은 사람인 듯 하나 사람이 아닌 것들이 다 함께 이 보살을 옹호하며, 천중천인 제불도 다 함께 이 보살을 옹호하느니라.

또한 발타화여, 이 보살은 모든 하늘이 경애하고 모든 용 · 야차귀신 · 건달바귀신 · 아수라귀신 · 가루라귀신 · 긴나라귀신 · 마후라가귀신과 혹은 사람인 듯하나 사람 아닌 것들이 다함께 이 보살을 경애하며, 천중천이신 제불도 모두 애욕이 없는 도의 공덕[道德]을 가졌으므로 이 보살을 경애하느니라.

또한 발타화여, 모든 하늘이 이 보살을 보고저 하며, 모든 용 · 야차귀신 · 건달바귀신 · 아수라귀신 · 가루라귀신 · 긴나라귀신 · 마후라가귀신 혹은 사람인 듯하나 사람 아닌 것들이 모두 즐거운 마음으로 이 보살을 보고저 하느니라. 천중천이신 제불이 모두 각각 이 보살로 하여금 그 곳에 가도록 하니 이는 인민으로 쓰고저 하기 때문에 가게 하느니라.

또한 발타화여, 이 보살과 모든 하늘이 모두 그 곳에 이르느니라. 모든 용 · 야차귀신 · 건달바귀신 · 아수라귀신・가루라귀신・긴나라귀신・마후라가귀신 혹은 사람인 듯 하나 사람 아닌 것들이 모두 그 곳에 와서 서로 보게 되느니라. 천중천이신 제불과 보살은 다만 낮에 보일 뿐만 아니라 밤에 꿈 속에서도 보이느니라. 혹은 제불의 모습을 보거나 또는 제불이 각각 스스로 그 명호를 말씀하시느니라.

또한 발타화여, 이 보살이 경을 독송하지도 않았고 전에 이 경의 이름조차도 들은 바가 없으나 보살은 이 삼매의 위신력으로 꿈 속에서 스스로 그 경전의 이름을 얻어 각각 다 보고 경의 소리를 다 듣느니라. 만일 낮에 얻지 못했으면 밤에 꿈 속에서라도 다 보게 되느니라.

부처님께서 발타화에게 이르시기를,

혹은 일 겁, 또 다시 일 겁을 더 지나더라도 내가 이 보살이 삼매를 지니는 것에 대하여 설하고, 또 그 공덕에 대하여 설하더라도 다하지 못하는데, 하물며 어떻게 힘써 이 삼매를 구함에 있어서랴."

부처님께서 이 때에 게송으로 말씀하시기를,

만약 보살이 부처님께서 설하신
삼매적정의 뜻을 배우고 독송하여
설사 그 공덕을 찬탄하고자 할지라도
비유컨대 이는 항하의 모래 한 알을 줄이는 것
과 같네.

칼이나 창으로도 상처내지 못하고
도적이나 원수라도 해치지 못하며
국왕과 대신이 기쁘게 대할 것이니
이 삼매 배우면 이와 같음 얻으리.

독사가 독을 품으면 참으로 두려우나
저 수행자 보면 독이 속히 제거되어
다시는 성내어 악한 기운 내뿜지 않나니
이 삼매 독송하면 이와 같음 얻으리

원수와 싫어하는 사람 능히 대적치 못하며
하늘 · 용 · 귀신 · 긴나라
그 위엄스러운 빛을 보고 침묵하니
이 삼매 배우면 이와 같음 얻으리.

산과 들의 이리와 이무기
사자 · 호랑이 · 사슴 · 원숭이들도
해칠 마음 없어 독을 감추고
모두 와서 친히 이 수행자 옹호하네.

아주 나쁜 귀신이 사람의 혼 가지고
제천과 인민을 해치려는 마음 품을지라도
그 위신력에 감화되어 자연히 항복하나니
이 삼매 배우면 이와 같음 얻으리.

그 사람 병들지 않아 고통 없고
귀와 눈이 총명하여 막힘 없으며
언변과 지혜 특히 뛰어나니

삼매 행하는 자 속히 여기에 이르리.

그 사람 끝내 지옥에 떨어지지 않으며
아귀도와 축생 벗어나
세세에 태어난 숙명 아나니
이 삼매 배우면 이와 같음 얻으리.

귀신·건달바가 함께 옹호하고
제천·인민도 이와 같으며
아수라·마후라가 또한 그러하니
이 삼매 행하면 이와 같음 얻으리.

제천이 실로 함께 그 공덕 노래하고
천·인·용·귀신·긴나라
제불도 찬탄하여 소원대로 되게 하며
외우고 경 설하니 사람 위함일세.

그 사람 도 닦는 마음 물러남 없고

법의 지혜로운 뜻 다함이 없으며
용모 아름다워 견줄 데 없으니
이 경 외우고 익혀 사람들 교화하네.

나라끼리 서로 싸워 백성은 어려워지고
굶주림이 끊임없어 고난에 쌓여도
끝내 그 목숨 일찍 잃지 않나니
능히 이 경 독송하고 교화하는 사람일세.

용맹스럽게 모든 마군 항복받아
마음에 두려움 없어 머리털 서지 않으며
그 공덕 다 헤아릴 수 없을지니
이 삼매 행하면 이와 같음 얻으리.

요사스런 방술·마술·부적
더럽고 삿된 도와 부정한 행위들이
끝내 그 몸 속에 들지 못할지니
불법 좋아함으로써 근본을 통달했기 때문일세.

일체 다함께 그 공덕 노래하니
공혜(空慧) 구족하신 불존자
그런 후 당래 최후말세에
이 경 손수 얻음이 이와 같으리.

항상 정진하여 환희용약하고
한결같은 마음으로 기쁘게 이 법 받들며
경전 수지하며 강설하고 독송해야 하나니
지금 나는 이로써 그들을 위해 설하노라.

제9 찬라야불품(羼羅耶佛品)

부처님께서 발타화에게 이르시기를,

"먼 옛날 헤아릴 수 없는 아승지겁 전에 부처님이 계셨으니 찬라야불단살갈아라하삼야삼불(羼羅耶佛但薩竭阿羅訶三耶三佛)19)이라고 이름하셨느니라.

세간에서 대단히 존귀하시고 세간을 편안케 하셨으며 경에 있어서도 매우 밝으시어 천상천하에서 그 명호를 천중천(天中天)이라고 이름하였다. 이 때에 장자의 아들이 있었는데 그 이름이 수달(須達)이라고 하였다. 그는 이만 인과 더불어 찬라야부처님 처소에 가서 부처님께 예배하고 물러나 한쪽에 앉았다. 장자의 아들인 수달이 찬라야부처님께 이 삼매에 대하여 여쭈었다. 찬라야부처님께서는 장자의 아들인 수달이 생각하는 마음을 아시고 곧 이 삼매를 설하셨다. 장자의 아들인 수달이 이 삼매를 듣고 나서 크게 환희하여 모두

---

19) 羼羅耶(無畏王) 佛 但薩竭(如來) 阿羅訶(應供) 三耶三佛(正遍知): 그래서 無畏王佛如來應供正遍知라고 번역됨.

독송수지하고 사문이 되어 이 삼매를 구하기를 팔만 세가 되었다.

이 때에 장자의 아들인 수달은 부처님을 따라 매우 많은 경을 들었으며, 무수한 부처님을 좇아 경을 들어 그 지혜가 대단히 높고 밝았느니라. 장자의 아들인 수달은 그 후 수명이 다하여 도리천에 태어났으며, 그 후 다시 천상으로부터 내려와 세간에 태어났느니라.

이 때에 오랜 겁 전에 또한 부처님이 계셨으니 술사파제단살아갈아라하삼야삼보(術闍波提但薩阿竭阿羅訶三耶三菩)[20]라고 이름하셨으며, 그 부처님은 왕족으로 태어나셨다.

이 때에 장자의 아들인 수달은 다시 부처님 처소에서 이 삼매를 듣고 그것을 구하였느니라.

이 때에 장자의 아들인 수달은 오랜 겁 전에 또한 부처님이 계셨으니 뇌비라야단살아갈아라하삼야삼불(賴毘羅耶但薩阿竭阿羅訶三耶三佛)이라고 이름하셨으

---

[20] 術闍波提(電德) 但薩阿竭(如來) 阿羅訶(應供) 三耶三菩(正等正覺): 곧 電德如來應供正等正覺이라 번역됨. 三耶三菩는 三耶三佛과 같은 뜻.

며, 그 부처님은 바라문종족이셨다. 이 때에 장자의 아들인 수달은 다시 부처님 처소에서 이 삼매를 수지하여 팔만 사천 세 동안 이 삼매를 구하였느니라."

부처님께서 발타화에게 이르시기를,

"장자의 아들인 수달은 그 후로부터 팔만 겁이 지난 후에 부처가 되었는데 그 이름이 제화갈라(提和竭羅)라고 하였다. 이 때에 장자의 아들인 수달은 인품이 고명하고 용맹스러웠으며 지혜는 매우 광대하였느니라."

부처님께서 말씀하시기를,

"이 삼매를 보았느냐 말았느냐? 발타화여, 공덕이 바로 그것이니라. 사람으로 하여금 성취하여 불도를 얻게 하느니라. 만약 보살이 이 삼매를 얻으려고 하면 마땅히 배워서 외우고 지니며 사람들에게 가르치고 지켜야 하느니라. 이와 같이 하는 자는 멀지 않아 불도를 이루리라. 너희들은 아느냐? 모르느냐?

발타화여, 이 삼매는 보살의 눈이며, 모든 보살의 어머니이며, 모든 보살이 우러러 귀의할[歸仰] 곳이며,

모든 보살이 출생하는 바이니, 너는 아느냐? 모르느냐?

발타화여, 이 삼매는 어둠을 없애고 온 세상을 밝히느니라. 너는 아느냐? 모르느냐?

발타화여, 이 보살의 삼매는 모든 부처님의 보고이며, 모든 부처님의 땅이며, 진귀한 보배를 지닌 바다의 샘이며, 무량공덕의 성(城)이며, 명철한 이익을 얻는 경이니, 당장 이 삼매가 나온 바를 알아야 하느니라.

이와 같이 이로부터 부처가 나오느니라. 이 경을 들으면 분명히 사의지(四意止)[21] 속에서 서게 되느니라. 무엇을 사의지 중이라고 하는가? 첫째 자신의 몸을 관하고 타인의 몸을 관하는 것이다. 자신의 몸을 관하고 타인의 몸을 관하면 본래 몸은 없는 것이니라. 둘째 자신의 괴로움을 관하고 타인의 괴로움을 관하는 것이다. 자신의 괴로움을 관하고 타인의 괴로움을 관하면 본래 괴로움은 없는 것이니라. 셋째 자신의 뜻을 관하

---

[21] 四意止: 四念處라고도 하는데 身受心法이 네 가지를 말함. 보살마하살이 항상 마땅히 專心하여 身行을 관찰하면 필경에는 일체의 諸身을 볼 수 있고, 受와 心과 法에 대해서도 마찬가지임.

고 타인의 뜻을 관하는 것이다. 자신의 뜻을 관하고 타인의 뜻을 관하면 본래의 뜻은 없는 것이니라. 넷째 자신의 법을 관하고 타인의 법을 관하는 것이다. 자신의 법을 관하고 타인의 법을 관하면 본래 법은 없는 것이니라."

부처님께서 발타화에게 이르시기를,

"이 삼매를 누가 믿을 것인가? 오직 달살아갈아라하삼야삼불(怛薩阿竭阿羅訶三耶三佛)과 아유월치의 아라한 만이 믿을 뿐이니라. 어리석고 미혹한 마음의 소유자는 이 현재 부처님께서 앞에 서 계시는 삼매[現在前立現前三昧]를 멀리 여의기 때문이니라. 왜냐하면 이 법으로 마땅히 부처님을 염하며 마땅히 부처님을 친견하기 때문이니라."

부처님께서 발타화에게 이르시기를,

"이 보살은 마땅히 부처님을 염하고 부처님을 친견해야 하며, 마땅히 경을 들어야 하지만 마땅히 집착해서는 아니되느니라. 왜냐하면 부처님은 본래 없으며, 이 법도 또한 인연하는 바가 없기 때문이니라. 왜냐하면 본래 공하여 있는 바가 없기 때문이니라.

  각각 법을 염함을 행하지만 이 법 가운데에는 취할 바도 없고 이 법 가운데에는 집착할 바도 없으므로 공과 같이 매우 청정하느니라. 이 법은 사람의 생각하는 바로는 분명히 있는 바가 없느니라. 있는 바가 없는 이 법은 거짓 인연이므로 공적하여 열반과 같느니라. 이 법은 있는 바가 없기 때문에 본래 이 법은 없으며, 온 곳도 없고, 역시 갈 곳도 없느니라. 사람은 본래 없으므로 이 법을 집착하지 않는 자에게는 가까이 있고 집착하는 자에게는 멀리 있느니라."

  부처님께서 발타화에게 이르시기를,

  "만약 이 삼매를 지키는 자는 생각[想]으로 인하여 생각이 없음[無想]에 들어가 부처님을 친견하고 부처님을 염하느니라.

  깨달음을 지키는 것[守覺]은 경을 듣고 법을 염하는 것이지 깨달음을 지키는 것은 나를 염하여 얻거나 법에 집착하여 얻는 것도 아니느니라. 왜냐하면 깨달음을 지킴이 있기 때문이니라.

발타화여, 깨달음을 지킴이 있으면 부처님을 친견하지 못하며,

집착하는 바가 털끝만큼이라도 있으면 법을 얻지 못하느니라.

타인에게 베품에 바라는 바가 있다면 베품이 되지 못하고,

계를 지킴에 바라는 바가 있으면 부정함이 되는 것이니라.

법을 탐하면 열반을 얻지 못하며,

경 가운데 아첨함이 있으면 고명함이 되지 못하느니라.

대중 모임 가운데에 있어서 즐거워하거나 다른 도에서 기뻐한다면

마침내 한 가지도 얻지 못하느니라.

탐욕 가운데 있어서 염불하기 어려우며,

성냄이 있다면 능히 인욕하지 못하고,

미워하는 바가 있으면 타인에게 착함을 설하지 못하느니라.

아라한도를 구하는 자는 현재불실재전립삼매(現在佛悉在前立三昧) 가운데 이르르지 못하느니라.

온 바가 없이 머무르면 법락을 생하여 그 가운데 서며,

집착하는 바가 있으면 공을 얻지 못하니 보살은 끝내 간탐하지 않느니라.

해태심이 있으면 도를 얻지 못하고,

음욕과 질투가 있으면 관(觀)에 들지 못하며,

염하는 바가 있으면 삼매에 들지 못하나니라."

부처님께서 이 때에 게송으로 말씀하시기를,

    이러한 공덕 헤아릴 수 없어
    계 받들어 구족하니 허물 없고
    청정한 그 마음 번뇌 여의어
    이 삼매 행해 이와 같음 얻으리.

    가령 이 삼매 가진 이 있으면

지혜는 넓고 커 모자람이 없으며
널리 통달한 모든 뜻 항상 잊지 아니하니
공덕행 밝은 달 같네.

가령 이 삼매 가진 이 있으면
깨달은 뜻 알려 해도 알 수 없고
무량의 도법 훤히 아나니
무수한 모든 하늘 그 덕 옹호하네

가령 이 삼매 가진 이 있으면
항상 스스로 면전에서 무수한 부처님 친견하고
무량한 부처님이 설하신 법을 듣게 되면
바로 능히 수지하고 염하여 널리 행하네.

가령 이 삼매 가진 이 있으면
악한 죄 옅은 고뇌 모두 없애고
모든 부처님 세상을 애민히 여기시어
다같이 이 보살을 찬탄하네.

만약 보살이
미래 무수한 불세존을 친견하려면
한마음으로 기뻐하여 정법에 머물러
마땅이 이 삼매 배우고 외워야 하네

그처럼 이 삼매 가진 이 있으면
그 공덕과 복 헤아릴 수 없으며
사람 몸 받음이 가장 으뜸이니
초월한 출가로 걸식 행하네

만약 말법에 이 경 얻는 이 있으면
공덕과 이익 가장 으뜸이고
그 복 얻음에 다함이 없으니
이 삼매 머무름에 이와 같음 얻으리.

반주삼매경《般舟三昧經》
하 권

무심 보광 국역

제10 청불품(諸佛品)

 발타화보살은 의복을 단정히 하고 장궤차수(長跪叉手)하여 부처님께 여쭈기를,
 "제가 부처님과 비구스님들을 청하여 내일 저희 집에서 공양을 드리고자 하오니, 원컨대 부처님께서는 어여삐 여기시어 청을 받아 주소서."
 부처님과 비구스님들은 묵묵히 모두 청을 받아 들였다. 발타화보살은 부처님께서 공양청 허락하신 것을 알고는 일어나 마하파사파제[摩訶波喩提] 비구니의 처소에 이르러 비구니에게 여쭈기를,
 "원컨대 저의 청을 받아들여 내일 비구니들과 함께 저희 집에서 공양을 드소서."
 마하파사파제비구니는 그 청을 받아들였다. 발타화보살이 나트나카라보살에게 말하였다.
 "아우여, 모든 이웃 나라에서 새로 올 사람이 있다면 모두 청하여 부처님 계시는 곳에 모이게 하여라.

나트나카라는 부처님 계신 곳에 이르러 부처님께 장궤 차수하여 부처님께 사뢰기를,

"저의 형이 부처님을 청하였습니다. 새로 오는 모든 사람들을 저희 집에서 공양을 하도록 청하였아오니, 원컨대 이것을 어여삐 여기시어 받아 주소서."

발타화보살 · 나트나카라 · 교일도보살 · 나라다트보살 · 산드히보살 · 마하수살화보살 · 인저달보살 · 화륜조보살은 모두 종친과 함께 앞에 나아가 부처님 발에 이마를 대고 또 비구스님들에게도 예를 올렸다. 예를 올리고 나서 부처님 계신 곳으로부터 물러나 돌아가 나열지국의 발타화보살의 집에 가서 모두 서로 도와 모든 공양을 준비하였다. 사천왕과 석제환인과 범삼발(梵三鉢)22)도 모두 빨리 가서 발타화보살을 도와 공양을 준비하였다.

이 때에 발타화보살은 종친들과 함께 나열지국을 장엄하여 여러 가지 그림과 번을 가지고 그 나라를 장식하였다. 그 거리마다 모두 그림과 번을 걸고 온 나라

---

22) 梵三鉢: 梵摩三鉢(Brahma-sahām pati)을 말하는 것으로서 범천의 이름.

안에 모두 꽃을 뿌리고 향을 사루었으며 백 가지의 맛 있는 음식을 만들어 부처님을 비롯하여 비구·비구니 ·우바새·우바이 및 모든 가난한 자들에게도 돌아갈 수 있도록 공양을 충분히 준비하였다. 왜냐하면 보시 는 치우침이 있어서는 아니 되니 인민과 날짐승과 기 는 벌레의 종류에 이르기까지도 모두 평등하기 때문이 다. 발타화를 비롯한 여덟 보살과 여러 종친들은 공양 시간에 되어 부처님 전에 나아가 이마를 부처님 발에 대고 부처님에게 아뢰기를,

"공양물의 준비가 모두 되었아오니 원컨대 부처님께 서는 가시옵소서."

이 때 부처님께서는 비구스님들과 더불어 모두 가사 를 입고 바루를 가지시고 함께 가셨다. 함께 온 자는 모두 부처님을 수행하여 나열지국에 들어가 발타화보 살의 집에 이르렀다.

발타화보살은 이렇게 염원하였다.

'이제 부처님의 위신력으로 저희 집은 대단히 넓어 지며 모두가 유리로 되어지고 안과 밖을 서로 볼 수

있게 하고 성 밖에서도 모든 사람들이 저희 집을 볼 수 있게 하며 저희 집에서도 모두 성 밖을 볼 수 있게 하옵소서.'

곧 부처님께서는 발타화가 마음 속으로 염원하는 것을 아시고는 바로 위신력을 나투시어 발타화보살의 집이 대단히 넓어지도록 하여 온 나라 사람들이 모두 그 집 안을 보도록 하였다. 부처님께서 먼저 발타화보살의 집에 들어와 앉으시고, 비구·비구니·우바새·우바이 등 각각 다른 부류들도 모두 그 집 안에 앉으셨다. 발타화보살은 부처님과 비구들이 모두 앉은 것을 보고는 스스로 부처님과 비구들께 공양을 하였는데 약 백여 가지의 음식을 올렸다. 부처님과 비구·비구니·우바새·우바이 모두가 바로 공양하였고, 여러 가난한 사람들도 모두 평등하게 공양하여 각자 만족해 하였다. 이들 모두는 부처님의 위신력의 은혜를 입어 만족해 하였다.

발타화보살은 부처님과 여러 제자들이 모두 공양 마치는 것을 보고 앞에 나아가 물로 씻은 후에 부처님 앞에 작은 상을 놓고 앉아 경설함을 들으려고 하였다.

이때 부처님께서는 발타화보살과 사부대중의 제자들을 위하여 경을 설하시니, 기뻐하지 않은 자가 없고, 즐거이 듣지 않는 자도 없었고, 들으려고 하지 않는 자도 없었다. 부처님께서는 이 경으로써 비구들과 모든 제자들의 청을 받아들인 후, 부처님은 일어나서 비구들과 함께 떠나셨다.

발타화보살은 공양을 마친 후 종친들과 함께 나열지국을 나와서 부처님 처소에 이르러 앞에 나아가 예를 갖추고 모두 물러나 한 쪽에 앉았는데, 나트나카라보살 · 교일도보살 · 나라다트보살 · 산드히보살 · 마하수살화보살 · 인저달보살 · 화륜조보살 · 발타화보살이었다. 모든 대중들이 편안하게 앉아 있는 것을 본 후 앞에 나아가서 부처님께 여쭈기를,

"보살이 몇 가지 일을 해야 현재불실재전립삼매를 얻을 수 있습니까?"

부처님께서 발타화보살에게 이르시기를,

"보살에게 다섯 가지[五事]23)가 있으면 즉시 현재

불실재전립삼매를 얻을 수 있느니라. 보살이 배우고 지녀 진리를 행함에 마음이 전도되지 않아야 하느니라. 무엇이 다섯인가? 첫째는 깊이 경을 좋아하여 다할 때가 없고 끝이 없어야 하느니라. 모든 재앙을 벗어나고 모든 번뇌를 해탈하며 어두움을 버리고 밝음에 들어가며 모든 몽롱함을 다 소멸해야 하느니라."

부처님께서 발타화에게 이르시기를,

"이 보살은 시작이 없는 과거생으로부터[無所從來生] 법락을 체득(逮得)하여 삼매를 얻었느니라. 또한 발타화여, 다시 다음에 태어날 곳을 바라지 않나니[不復樂所向生] 이것이 둘째이니라. 또한 다른 가르침[餘道]을 기뻐하고 즐거워하지 않는 것이 셋째이니라. 다시 애욕을 즐기지 않는 것이 넷째이니라. 스스로 행을 지키되 다함이 없는 것이 다섯째이니라.

보살에게 다시 오사(五事)가 있으면 곧 삼매를 얻느

---

23) 五事: 첫째 甚深한 忍을 갖추어 盡에 이르는 것을 滅除하는 것. 둘째 實은 다하는 바가 없으되 다하는 곳도 없는 것. 셋째 본래 亂이 없지만 諸亂을 滅除하는 것. 넷째 본래 垢가 없지만 諸垢를 滅除하는 것. 다섯째 본래 塵이 없지만 諸塵을 滅除하는 것.

니라. 무엇이 다섯인가? 첫째로 보시하는 마음은 후회하지 말아야 하고, 탐심이 없어야 하며, 아까운 생각 없어야 하며, 이와 같이 바라는 바가 없어야 하느니라. 사람에게 보시한 후에 다시 후회하지 말아야 하느니라.

다시 발타화여, 보살은 경을 수지하고 보시하며, 남을 위하여 경을 설하며, 설하는 자는 진리에 안주하며, 의심이 없고 애착이 없으며, 애석함이 없으며, 부처님의 깊은 마씀을 설하므로 몸은 저절로 가서 이 삼매 중에 서느니라.

다시 발타화여, 보살은 질투하지 않으며, 행한 일에 대하여 의심하지 않고, 잠을 멀리하며, 오욕을 물리치느니라. 스스로 자신이 착하다고 말하지도 않고 남이 악하다고 말하지도 않느니라. 남이 자기를 욕하거나 형벌을 주더라도 성내지 않고 원망하지 않으며 태만하지 말아야 하나니, 왜냐하면 공행[空行]에 들어갔기 때문이니라.

다시 발타화여, 보살은 이 삼매를 스스로 배우고, 남

에게 가르치고, 이 경을 서사하되 좋은 비단[好疋素]에 써서 오래 보존해야 하느니라.

다시 발타화여, 보살은 믿음에 있어 많이 즐거워하고, 장로와 선지식들을 공경하며, 새로 배우는 사람들에게 만약 보시를 받으면 마땅히 은혜를 갚을 것을 생각해야 하느니라. 항상 식신(識信)을 내어 사람들에게서 적은 보시를 받더라도 크게 신표를 해야 하는데 하물며 많은 보시를 한 사람들에게 있어서랴. 보살은 항상 경을 좋아하고 소중히 여기되 반복하지 않으려는 마음을 버리고 항상 반복해서 거듭 염해야 하느니라. 이와 같은 자는 삼매를 빨리 얻으리라."

부처님께서 이 때에 게송으로 말씀하시기를,

항상 법을 즐겨 깊은 깨달음에 있으며
모든 습욕(習欲氣)으로 생을 탐하지 말고
오도(五道)를 거닐어도 집착함이 없으면
이와 같이 행하는 자 삼매 얻으리.

기꺼이 보시하되 댓가를 생각하지 말고
은혜에도 집착말며 생각도 좇지 말고
베풂에 있어 받는 자 보지 말며
오직 부처님의 깊은 지혜 깨닫고져 해야 하네.

가엾은 중생에게 보시 행하되
그 마음 기뻐하나 후회하지 말며
항상 보시·지계·인욕과
정진·일심지혜의 행을 세워야 하네.

육바라밀 구족하여 일체를 섭수하고
사등심[四等心]인 자·비·희·호(護)24)의
선교방편으로 중생 제도하나니
이와 같이 행하는 자 삼매 얻으리.

보시 행함에 간탐 버리고

---

24) 四無量心을 말하는데 四等心, 四等從心, 四等從境이라고도 한다.『增一阿含經』권21 "有四等心 云何謂四 慈悲喜護"

그 마음 기쁘게 베풀어
이미 보시한 뒤에도 항상 기뻐할지니
이와 같이 행하는 자 삼매 얻으리.

경법의 분별구 훤히 알아서
깊은 요의의 부처님 가르침 들어
미묘한 도의 덕화 강설하니
이와 같이 행하는 자 삼매 얻으리.

그 사람 이 삼매 배워 외우며
해탈지혜 구족하여 사람위해 설하고
이 경법 오래도록 머물게 하나니
이와 같이 행하는 자 삼매 얻으리.

항상 심오한 부처님의 경법 숨기지 말며
공양 바라서 강설하지 말고
오직 안은(安穩)한 불도의 경지 구할지니
이와 같이 행하는 자 삼매 얻으리.

집착을 제거하여 모든 번뇌 버리고
거만과 교만을 버려서
자신을 칭찬하거나 남의 단점 말하지 말며
결코 아상을 내지 말아야 하리라.

열반적정에 들어 생각을 일으키지 말고
곧 능히 이 도의 정혜를 깨달아
아첨하는 마음 버려 청정해지니
이로써 속히 무생법인25) 체득하리.

항상 지성으로 수행하여 꾸밈 없애고
서원이 구족하여 부족함 없으며
온갖 바른 덕을 심어 삿된 행 없앨지니
이 법 좋아하는 자 도 얻음 빠르네.

독송하고 익힌 경전 늘 잊지 아니하고
항상 금계의 청정행 호지하여

---

25) 不起忍 ; 無生法忍을 말함.

이와 같이 행하는 자 불법 얻음 빠를지니
하물며 이 적정삼매 받듦이랴.

부처님께서 발타화보살에게 이르시기를,
"무수겁 전 먼 옛날 제화갈라 부처님26)이 계실 때에 나는 제화갈라 부처님 처소에서 이 삼매를 듣고 바로 이 삼매를 수지하고 시방의 헤아릴 수 없는 부처님[無央數佛]을 친견하여 모든 경전을 듣고 모든 것을 수지하였느니라. 이 때에 모든 부처님이 나에게 말씀하시기를, 무앙수겁이 지난 뒤에 그대는 마땅히 부처가 되어 이름을 석가모니불이라고 하리라 하셨느니라."
부처님께서 발타화보살에게 이르시기를,
"내가 특별히 너에게 말하리니, 이제 나는 부처가 되었으니 이 삼매로 그대들은 마땅히 배워야 할 것이니라. 불법 내의 제일의 무리라도 미치지 못하지만 모든 생각을 떠날 줄 알면 이 삼매 중에 서 있는 자는

---

26) 提和竭羅佛: 提和竭, 大和竭羅(Dīpaṁkara), 提洹竭이라고도 하는데 佛名으로서 燃燈·錠光으로 번역됨.

불도를 염득(念得)하리라."

부처님께서 이 때에 게송으로 말씀하시기를,

> 억념하노니 나는 먼 옛날 정광불 계실 적에
> 그 때 이 삼매 체득하여
> 시방의 무수한 부처님 친견하고
> 존귀한 불법의 심묘한 가르침 설함 들었네.
>
> 비유컨대 덕 있는 사람 보배를 찾아다니면
> 바라는 원과 같이 문득 이것을 얻나니
> 보살대사도 이와 같이
> 경 중에서 보배를 구하여 곧 부처가 되리라.

발타화보살이 부처님께 여쭈기를,

"이 삼매를 지키려면 마땅히 어떻게 해야 하겠습니까? 천중천이시여!"

부처님께서 발타화에게 이르시기를,

"색(色)에 집착하지도 말고, 내세에 태어날 곳[所向生]도 집착하지 말며, 반드시 공을 행하는 것이 이 삼매를 응당히 지키는 것이 되느니라.

무엇을 삼매라고 하는가 하면? 마땅히 이 법을 따라 수행하는 것이니라.

또한 발타화여, 보살이 자신의 몸을 관하되, 몸도 없고 또한 관할 바도 없으며, 또한 볼 바도 없고 집착할 바도 없느니라. 본래 보이지 않는 것이 없으며, 들리지 않는 것도 없느니라. 경 가운데 있는 법과 같이 보되 역시 볼 바도 없고 집착할 바도 없느니라. 집착할 바 없이 도를 지키는 사람은 법 가운데서 의심할 바가 없느니라.

의심하지 않는 자는 부처님을 친견하게 되며, 부처님을 친견하는 자는 의심이 끊어지게 되느니라. 모든 법은 온 바가 없이 생겨나느니라. 왜냐하면 보살이 법에 대하여 의심하는 생각이 있으면 곧 집착하게 되느니라.

무엇을 집착한다고 하는가 하면? 어떤 사람은 수명

이 있고 덕이 있고 오음이 있음에 집착하게 되고, 어떤 사람은 대상이 있고 생각이 있고 육근이 있고 욕망이 있다고 집착하느니라. 왜냐하면 보살은 제법을 보는 것에 집착하는 바가 없고, 이 법 역시 염하지 아니하며 보지도 않느니라.

무엇을 보지 않는다고 하는가 하면? 비유컨대 어리석은 사람은 외도를 배워서 스스로 사람에게 몸이 있다고 말하지만, 보살은 이렇게 보려고 하지 않느니라.

보살은 무엇을 보는가 하면? 비유컨대 단살아갈아라 하삼야삼불과 아유월지와 벽지불과 아라한이 보는 바와 같이 기뻐하지 아니하고 근심하지 아니하느니라. 보살은 이와 같이 보아 역시 기뻐하지 아니하며 또한 근심하지 아니하느니라.

이 삼매를 지키는 자도 역시 기뻐하지 아니하고 근심하지 아니하느니라. 비유컨대 허공과 같이 색도 없고 생각도 없고 청정하여 티끌이 없느니라. 보살은 모든 법을 이와 같이 보므로 눈에 걸림이 없이 모든 법을 보느니라. 이와 같이 보기 때문에 제불을 친견하느니라.

 제불을 친견하는 것은 밝은 구슬[明月珠]을 가지고 유리 위에 두는 것과 같으며, 해가 처음 돋을 때와 같으며, 보름날 달이 모든 별 가운데 있는 때와 같느라. 차가월왕27)을 모든 신하들이 함께 따르는 것과 같고, 도리천왕인 석제환인이 모든 하늘의 중앙에 있는 것과 같으며, 범천왕이 모든 범천의 중앙의 최고자리에 앉은 것과 같느니라.

 큰 불이 높은 산 정상에서 타는 것처럼, 의왕(醫王)이 약을 가지고 다니면서 사람을 치유하는 것처럼, 사자가 나와서 홀로 걷는 것처럼, 여러 들판의 기러기가 허공을 날아가면서 인도하는 것과 같느니라.

 겨울의 높은 산 꼭대기에 쌓인 눈을 사방에서 보는 것처럼, 온 우주의 금강산이 더러운 냄새를 물리치는 것처럼, 흐르는 물이 땅을 의지하는 것처럼, 바람이 물을 의지하는것처럼, 모든 더러운 것을 청정하게 하는 것과 같느니라.

---

27) 遮迦越王: 遮迦越은 遮迦越羅라고도 하는데 轉輪聖王을 말함.

허공처럼 수미산 위의 도리천처럼 제불의 장엄도 이와 같느니라.

부처님의 계를 지키는 것과 부처님의 위신공덕력으로 무앙수의 국토를 모두 지극히 밝게 하므로 이 보살은 시방의 부처님을 이와 같이 친견하게 되며, 경을 듣고 모두 받아 지니게 되느니라.

부처님께서 이 때 게송으로 말씀하시기를,

    부처는 더러움 없어 번뇌 떠났고
    공덕 많아 구경에 집착 없으며
    높고 위대한 신통 미묘한 음성
    법고(法鼓)로 뜻을 펴고 여러 음성으로 깨우치시네.

    깨달은 천중천 모든 지혜 해탈하며
    여러 가지 향화로써 공양하고
    무수한 공덕으로 사리 받들어

번개(幡蓋)와 온갖 향으로 삼매 구하네.

법 들어 넓고 미묘한 배움 구족하여
전도(顚倒) 멀리 떠나 멸도 깨달으니
마침내 공법에 집착할 마음 없으며
마땅히 그 뜻 미묘하여 걸림 없는 지혜
해탈하네.

청정하기가 해와 달이 빛나듯 하니
비유컨대 범천에 본궁(本宮)을 세운 것 같아
항상 청정한 마음으로 세존 염하며
마음에 집착한 바 없으니 공한 모습도
아니로다.

비유컨대 겨울의 높은 산에 덮인 눈처럼
혹은 국왕이 사람 가운데 가장 존귀하듯이
청정한 마니주 뭇 보배보다 뛰어난 것처럼
마땅히 이와 같이 부처님 상호 관할지니라.

마치 기러기왕 앞서 날며 인도하고
청정한 허공 더럽고 산란함 없듯이
자마금색(紫磨金色) 부처님 이와 같으니
불자여, 이러한 생각으로 세존께 공양
올릴지니라.

모든 어두움과 어리석음 제하고
곧 모두 속히 청정삼매 체득하여
일체 모든 생각으로 구함을 버리고
더러운 행 없애 선정[定意]을 얻을지니라.

번뇌 없애어 더러움도 버리고
성냄 버려 어리석음도 없애면
그 눈 청정하여 자연히 밝아져서
염불하는 공덕 걸림 없으리.

불세존의 청정계 생각하여
마음에 집착 없애 형상도 구하지 않으며

나와 우리와 소유하는 것도 보지 말고
또한 모든 색에 있는 모습을 생각지 말지니라.

나고 죽음 버리어 온갖 보는 것 없애며
아만 버리면 지혜 청정해지고
교만 멀리하여 자만하지 말지니
적멸삼매 들어 사견 여읠지니라.

이러한 비구인 부처님의 자손과
신심 있는 비구니·청신사와
탐욕 제거한 청신녀가 있으니
부지런히 배워 이 법 얻길 염할지니라.

제11 무상품(無想品)

부처님께서 발타화보살에게 이르시기를,

"만약 어떤 보살이 이 삼매를 배워 속히 얻고자 한다면 마땅히 먼저 색에 대한 생각을 끊고 스스로 교만한 마음을 버려야 하느니라. 생각을 끊고 이미 교만하지 아니하여 모든 것을 버렸으면 마땅히 이 삼매를 배움에 다투지 말아야 하느니라. 무엇을 다툰다고 하는가 하면? 공을 비방하기 때문에 함께 다투지 말아야 하느니라. 마땅히 공을 비방하지 않으므로써 마침내 이 삼매를 염송하게 되리라."

부처님께서 발타화에게 이르시기를,

"만약 어떤 보살이 이 삼매를 배워 외우려고 하는 자는 십사(十事)로써 그 가운데에 설 수 있느니라. 무엇을 열 가지라 하는가 하면, 첫째는 다른 사람이 발우·침구·의복을 보시함에 있어서 질투하지 말아야 한다. 둘째는 마땅히 아랫 사람을 사랑하고 윗사람에게 효순해야 한다. 셋째는 마땅히 보은에 대해서 거듭 생각해야 한다. 넷째는 거짓말을 하지 말고 법이 아닌 것을 멀리 해야한다. 다섯째는 항상 걸식을 행하되 별청을 받지 말아야 한다. 여섯째는 마땅히 정진과 경행을 해야한다. 일곱째는 밤낮으로 눕거나 출입하지 말아야 한다. 잠자는 것을 삼가해야 하느니라. 여덟째는 항상 천상천하에 보시를 행하되 아까운 것이 없어야 하며 결코 후회하지 말아야 한다. 아홉째는 깊은 지혜에 들어가 집착하는 바가 없어야 한다. 열째는 먼저 선지식을 공경하여 섬기기를 부처님과 같이 보아야 한다. 이런 후에 이 삼매를 염송해야 한다. 이것을 십사(十事)라고 하느니라.

마땅히 법답게 이 행을 하는 자는 팔사(八事)를 얻으리라. 무엇을 팔사라고 하는가 하면, 첫째는 계행이 청정하여 구경에 이름이요. 둘째는 다른 가르침(餘道)을 쫓아 더불어 하지 아니하고 지혜 가운데에 출입함이요. 셋째는 지혜 중에 있어서 청정하여 다시 태어남을 탐하지 아니함이요. 넷째는 청정한 눈으로 다시 생사를 바라지 말아야 함이요. 다섯째는 고명하여 집착함이 없음이요. 여섯째는 청정하게 정진하여 스스로 부처의 경지에 이름이요. 일곱째는 만약 어떤 사람이 공양하더라도 일부로 기뻐하지 말아야 함이요. 여덟째는 아뇩다라삼먁삼보리에 머물러 있으므로 다시 움직이지 않음이니 이것을 팔사(八事)라고 하느니라."

부처님께서 이 때에 게송으로 말씀하시기를,

  지혜로운 자는 생각 일으키지 않고
  교만과 자만심 버리며
  항상 인욕 행하므로 번뇌 없나니
  이와 같이 하면 곧 삼매 배우리.

  지혜로운 자는 마음 밝아 공에 대해서
  쟁논하지 않고
  무상적정의 열반에 들어
  법 비방하지 않고 부처에 대해서 논쟁하지도

않나니
이와 같이 행하는 자 삼매 얻으리.

밝은 자 이에 있어 교만심이 없고
항상 부처님 은혜와 법사를 생각하여
굳고 청정한 믿음(淨信)에 머물러 뜻
움직이지 않으면
이때 이 삼매 배우게 되리라.

마음에 질투심 품지 않고 어두운 생각
멀리하며
의심 일으키지 않고 항상 믿음 있으면
마땅히 정진하여 게으르지 말지니
이와 같이 행하는 자 삼매 얻으리.

이를 배운 비구는 항상 걸식하여
남에게 부탁하거나 모임에 가담치 아니하며
마음으로 집착하는 바 없애 축적하지 말지니

이와 같이 행하는 자 삼매 얻으리.

만약 손수 이 법의 가르침 얻고
지녀 이 경전을 봉행한다면
이미 구족한 뜻 부처님과 같을지니
이러한 후 이 삼매 배워 외우리.

지극한 덕에 머물러 성실한 믿음(誠信) 행하며
만약 삼매를 배우고 독송한다면
속히 이 팔법(八法) 얻나니
청정무구는 모든 부처님의 가르침이니라.

그 청정계는 구경함이 있고
삼매는 허물 없어 등견(等見) 얻으며
이와 같은 공(空)으로 생사 맑히니
이 법에 머물러 구족함 얻으리.

지혜는 청정하여 남음 없고

번뇌 없는 자 또한 집착 없으니
널리 들어 지혜 취하고 황당한 소리 멀리하며
행 얻음이 이와 같으면 현명한 지혜라 하리.

뜻을 정진에 두면 잃는 것 없고
공양의 이익에 탐하지 않으며
속히 위없는 불도 이루어
이와 같은 덕 배우면 현명한 지혜라 하리.

제12 십팔불공십종력품(十八不共十種力品)

부처님께서 말씀하시기를,

"위에서 설한 팔사(八事)를 얻은 자는 다시 부처님의 십팔사(十八事)를 얻어야 되느니라. 무엇을 십팔사라 하는가? 첫째는 어느 날 부처가 되어 어느 날 열반에 들었는데 처음 부처가 된 날부터 열반에 드는 날에 이르기까지 부처님은 고난이 없느니라. 둘째는 허물이 없느니라. 셋째는 잊어버림이 없느니라. 넷째는 마음이 항상 고요하지 않을 때가 없느니라. 다섯째는 결코 법상(法想)을 내어 나[我所]라고 말하지 않느니라. 여섯째는 인욕하지 않는 때가 없느니라. 일곱째는 즐겁지 않은 때가 없느니라. 여덟째는 정진하지 않는 때가 없느니라. 아홉째는 생각하지 않은 때가 없느니라. 열째는 삼매에 들지 않는 때가 없느니라. 열 한 번째는 알지 못하는 때가 없느니라. 열 두 번째는 견혜(見慧)[28]

---

28) 見慧: 자세하게 思慮하고 追求하여 事理를 決擇하는 것.

를 벗어나지 않는 때가 없느니라. 열 세 번째는 과거 무앙수 세간의 일에 대하여 능히 부처님의 걸림없는 지혜가 멈춤이 없느니라. 열 네 번째는 미래 무앙수 세간사에 대하여 능히 부처님의 걸림없는 지혜가 멈춤이 없느니라. 열 다섯 번째는 지금 현재 시방세계의 무수한 세간사에 대하여 능히 부처님의 걸림없는 지혜가 멈춤이 없느니라. 열 여섯 번째는 몸으로 행동하는 것은 그 근본이 지혜이므로 항상 지혜와 더불어 구족해 있느니라. 열 일곱 번째는 입으로 말하는 것은 그 근본이 지혜이므로 항상 지혜와 더불어 구족해 있느니라. 열 여덟 번째는 마음으로 생각하는 것은 그 근본이 지혜이므로 항상 지혜와 더불어 구족해 있느니라. 이것을 부처님의 십 팔사라 하느니라."

부처님께서 발타화에게 이르시기를,

"만약 어떤 보살이 다시 집착함이 없이 법을 구하여 모두 지킨다면 이 삼매를 배우는 자에게는 열 가지 법호[十法護]가 있느니라. 무엇을 열 가지 법호라고 하는가? 부처님의 십종력(十種力)이니라. 무엇을 십종력이라 하는가? 첫째는 한계가 있는 것과 한계가 없는 것을 모두 아는 것이니라. 둘째는 과거·미래·현재의 본말을 모두 아는 것이니라. 셋째는 해탈한 선정의 청정함을 모두 아는 것이니라. 넷째는 모든 근기가 정진함에 있어서 그 근기가 각각 다르게 생각하는 바를 모두 아는 것이니라. 다섯째는 여러 가지의 믿음을 모두 아는 것이니라. 여섯째는 미세한 변화가 일고 있는 무수한 일조차도 모두 아는 것이니라. 일곱째는 모든 것을 깨닫고 모든 것을 요달하여 모두 아는 것이니라. 여덟째는 눈으로 보는 바 걸림없이 모두 아는 것이니라. 아홉째는 시작과 끝이 없음을 모두 아는 것이니라. 열째는 과거·미래·현재에 모두 평등하므로 집착함이 없는 것이니라."

부처님께서 발타화에게 이르시기를,

"만약 어떤 보살이 생한 바가 없는 이 법을 모두 보호하면 이 보살은 부처님의 십종력을 얻으리라."

부처님께서 이 때에 게송으로 말씀하시기를,

십팔불공의 바른 깨달음의 법
세존의 힘 열 가지로 나타나니
만약 이 삼매를 봉행하면
마침내 멀지 않아 속히 여기에 이르리.

제13 권조품(勸助品)

부처님께서 발타화에게 이르시기를,
"이 보살은 네 가지 일[四事]를 지녀 이 삼매 중에 있어서 기쁨을 도우며, 과거 부처님 때에도 이 삼매로써 기쁘게 도왔으니, 이 경을 배우는 자는 스스로 아뇩다라삼야삼보아유삼불(阿耨多羅三耶三菩阿惟三佛)29)에 이르러 지혜를 모두 구족하느니라. 나도 이와 같이 환희한 마음으로 도우느니라.

또한 발타화여, 미래의 모든 부처님께서 보살도를 구하는 자에게 이 삼매 중에 있어서 환희한 마음으로 도우니, 이 삼매를 배우는 자는 스스로 아뇩다라삼먁삼보리에 이르러 지혜를 모두 구족하노니 모두 이와 같이 환희한 마음으로 돕느니라.

또한 발타화여, 지금 현재 시방세계에 헤아릴 수 없이 많은 부처님께서 처음 보살도를 구할 때 이 삼매

---

29) 阿耨多羅三耶三菩阿惟三佛 (Anuttrāṃ saṃyak - sambodh. v abhisaṃ - buddha): 已覺無上正等覺이라 번역된다.

중에 든 자를 환희한 마음으로 도우니, 이 삼매를 배우는 자는 스스로 아뇩다라삼먁삼보리를 이루어 지혜를 구족하여 모두 기쁜 마음으로 도우므로 복이 되느니라. 시방세계의 인민과 하찮은 벌레에 이르기까지 모두 아뇩다라삼먁삼보리를 얻게 하느니라. 이 삼매를 지니므로 기쁘게 돕는 공덕으로 속히 이 삼매를 얻어 아뇩다라삼먁삼보리를 지어 멀지 않아 얻으리라."

부처님께서 발타화에게 이르시기를,

"이 보살의 공덕은 이 삼매 중에 있어서 사사(四事)로써 환희한 마음으로 도우느니라. 내가 이러한 것에 대하여 약간의 비유로써 설하리라. 비유컨대 사람의 수명이 백 세인 것처럼 이 땅에 와서 백 세가 되도록 쉬는 때가 없는 것과 같느니라. 그 사람이 살아가는 것은 질풍이 지나가듯이 사방과 상하를 두루 다니느니라. 어떠한가 발타화여, 오히려 능히 그 도리를 헤아릴 자가 있겠느냐?"

발타화가 말씀드리기를,

"능히 그 도리를 헤아릴 자는 없을 것입니다. 천중

천이시여, 오직 부처님의 제자인 사리불과 아유월치의 보살 만이 능히 헤아릴 뿐일 것입니다."

부처님께서 발타화에게 이르시기를,

"나는 이리하여 모든 보살들에게 말하느니라. '만약 선남자 선여인이 있어 이 사방 상하의 모든 국토와 그 사람이 있는 장소에 가득 채울 만한 진귀한 보배를 취하여 부처님께 보시하여도 이 삼매를 듣는 것만 같지 못하느니라. 만약 어떤 보살이 이 삼매를 듣고 이 사사(四事)의 가운데 있어 환희하도록 도우면 그 복덕은 부처님께 보시하는 것보다 백 배·천 배·만 배·억 배가 어찌 많지 않겠느냐?'

발타화여, 이 보살이 환희하도록 도우니 그 복은 어찌 많지 않겠느냐? 이러하므로 마땅히 알아라. 이와 같음을 마땅히 알아라. 그 보살이 환희함을 도우는 것은 대단히 존귀하고 크니라."

이 때 부처님께서 게송으로 말씀하시기를,

이 경의 가르침 중에
사사(四事)의 환희심으로
과거와 미래와
현재의 모든 부처님께서

공덕행을 돕도록 권하니
모든 시방세계의
온갖 벌레들도 해탈하여
모두 평등정각을 성취하네.

비유컨대 사방과 상하를
두루 순회하는 것과 같이
인생의 삶 백 세동안
목숨 다할 때까지 쉼없이 움직이네.

도리를 헤아리려고 하지만
그 수명을 헤아리기 어려우니
오직 부처님의 제자와

불퇴전의 보살 만이 아네.

진귀한 보배 가득 채워 보시하여도
이 법 듣는 것만 못하니
사사(四事)를 권하여 도우면
이 복덕 저 보다 수승하네.

발타화여, 또 다시
사사의 환희를 관하여라.
보시한 공덕이 억만 배라 할지라도
권유하고 교화함만 같지 못하리.

제14 사자의불품(師子意佛品)

이때 부처님께서 발타화에게 이르시기를,

"먼 옛날 과거세의 아승지겁인 불가계 불가수 불가량 불가극의 아승지에 부처님이 계셨다. 그 명호는 사하마제(私訶摩提)30) 단살아갈아라하삼야삼불(但薩阿竭阿羅訶三耶三佛) 이라고 하셨다. 그 위신력은 따를 자가 없었고 세간을 안온히 하였으므로 경전에서도 존중받았으며, 천상천하에서도 그 호를 천중천(天中天)이라 하였다. 이 국토 중 한적한 곳을 염부리(閻浮利)라고 하였다. 국토는 풍요롭고 백성은 번성하고 즐거움이 가득하였다. 이 때 염부리의 면적은 십 팔만 구리나술(拘利那術)31) 유순(由旬)이었다. 이 때 염부리 내에는 대략 육백 사십 만의 나라가 있었다. 이 때에 염부에 발등가(跋登加)32)라는 큰 나라가 있었다. 그 나라 안

---

30) 私訶摩提(Sinhamati): 師子意라고 번역됨.
31) 拘利(Koti): 길이의 단위.
32) 跋登加: 賢作이라 번역됨.

에는 육십 억 명의 사람이 있었다. 사하마제 부처님께서 이 나라에 계셨다. 또한 전륜성왕(轉輪聖王)이 있었는데 이름은 유사금왕(惟斯芩王)33)이라 하였다. 그는 사하마제 부처님 처소에 와서 예를 갖추고 한 쪽에 앉았다. 이 때에 사하마제 부처님은 바로 그 왕이 마음으로 생각하는 바를 알고 곧 이 삼매를 설하셨다. 왕이 삼매를 듣고 환희심을 내어 바로 진귀한 보배를 부처님께 올리면서 마음속으로 이 공덕으로써 시방세계의 인민이 모두 안온해지기를 염원하였다. 때가 되어 사하마제 부처님께서 열반에 드신 후, 유사금 전륜성왕도 수명이 다한 후에 환생하여 다시 왕가에 태어나 태자가 되었는데 그 이름을 범마달(梵摩達)이라 하였다.

이 때 염부제에 진보(珍寶)라고 하는 고명한 비구가 있었다. 이 때 사부제자인 비구·비구니·우바새·우바이를 위하여 삼매를 설하였다. 범마달 태자는 이 삼매를 듣고 환희심을 내었으며 뛸 듯이 기뻐하면서 이

---

33) 惟斯芩: 勝遊라 번역됨.

경을 들었다. 백 억의 진보를 가지고 비구들에게 나누어 드리고, 다시 좋은 의복을 공양하는 것으로써 발심하여 불도를 구하였다. 이 때 천여 명과 함께 비구의 처소에 가서 삭발하여 사문이 되었다. 바로 비구의 처소에서 비구들을 따라 이 삼매를 배웠다. 천 명의 비구와 함께 스승을 모시고 팔천 년 동안 쉬거나 게으름 없이 한 번도 거스르지 않고 이 삼매를 들었다. 이 비구 무리들도 이 삼매를 듣고 사사(四事)로써 환희심을 내어 고명한 지혜에 들어갔다. 이 환희심을 낸 공덕으로 죽은 후에 다시 육만 팔천 부처님을 친견하였다. 곧 한 부처님 한 부처님 처소에서 이 삼매를 듣고, 스스로 배우고 다시 다른 사람에게 가르쳤다. 그 사람이 환희심을 낸 공덕으로 그 후에 부처가 되니, 그 명호가 저라유시체달살아갈아라하삼야삼불(坁羅惟是逮怛薩阿竭阿羅訶三耶三佛)34) 이라고 하였다. 그 때 이 천 명의 비구들도 따라서 아뇩다라삼먁삼보를 얻었는데 모두 이름을 저라유시체달살아갈아라하삼야삼불이라

---

34) 坁羅惟是逮怛薩阿竭阿羅訶三耶三佛: 堅精進, 堅固精이라 번역됨.

하였다. 이루 헤아릴 수 없는 인민을 교화하여 모두 불도를 구하게 하였느니라."

부처님께서 발타화에게 이르시기를,

"이 삼매를 듣고 환희심을 내지 않는 자 누가 있겠느냐? 배우지 않을 자 누가 있겠느냐? 타인을 위해 설하지 않을 자 누가 있겠느냐? 지키지 않을 자 누가 있겠느냐?"

부처님께서 발타화에게 말씀하시기를,

"만약 어떤 보살이 있어 이 삼매를 지킨다면 속히 부처가 되리라. 발타화여 만약 어떤 보살이 사십 리 밖에서 이 삼매를 지니고 있다는 것을 들으면 보살은 이를 듣고 곧 마땅히 그 처소에 가서 구해야 하느니라. 다만 이 삼매가 있음을 들어 알아도 항상 마땅히 이를 구해야 하는데 하물며 이를 듣고 배우는 자에 있어서랴. 혹은 거리가 백 리나 혹은 멀리는 사천 리나 되더라도 이 삼매를 지니고 있다는 것을 듣는다면 마땅히 배우기 위하여 그 처소에 가야 하느니라. 다만 듣고 아는 것 만으로도 알게 되는데 어찌 듣고 배우는 자에 있어서랴."

부처님께서 말씀하시기를,

"사람들을 떠나 멀리 있더라도 항상 마땅히 가서 스스로 구해야 하는데, 하물며 십 리 이십 리의 거리에서 삼매를 지니는 자가 있음을 듣고는 가서 구하고 배우지 않겠느냐. 발타화여, 만약 어떤 보살이 있어 이 삼매를 듣고 그 곳에 가서 이 삼매를 구하여 듣고자 하는 자는 마땅히 그 스승을 십 년이나 백 년 동안 섬기기를 구족히 공양해야 하느니라. 이 보살을 우러러서 스스로 쓰지 말고, 마땅히 그 스승의 가르침을 따라 항상 마땅히 스승의 은혜를 생각해야 하느니라."

부처님께서 말씀하시기를,

"나는 그대들을 위하여 이렇게 설하느니라. 만약 보살이 이 삼매를 들을 수 있는 곳의 거리가 사천 리나 된다고 하더라도 그 곳에 가야 하느니라. 설사 그 삼매를 듣지 못하더라도."

부처님께서 말씀하시기를,

"나는 너희들에게 이르노니, 그 사람은 정진행으로

써 구하기 때문에 끝내 다시는 불도를 잃지 않을 것이며, 반드시 스스로 부처가 되리라고 보지 않겠느냐!
  발타화여, 보살이 이 삼매를 듣고 일념으로 구하여 떠나지 않는다면 그 이익은 대단히 존귀할 것이니라."

  이 때 부처님께서 게송으로 말씀하시기를,

    내가 생각컨대 과거세에 여래가 있었으니
    사람 가운데 존귀하여 사하말(私訶末)이라 하였으며
    이 때에 전륜성왕이 있어
    그 부처님께 이르러 삼매 들었네.

    지극한 마음과 현명한 지혜로 이 경 듣고서
    마음에 기쁨 무량하여 법을 받들어 지니고
    진귀한 보배로 그 위에 올리오니
    사람 중에 으뜸인 사자의불께 공양하네.

마음으로 이와 같이 염하고 찬탄하되
나의 몸이 미래세에
빠짐없이 부처님 가르침 봉행하고
또한 마땅히 이 삼매 체득하리.

이 복덕과 원으로 목숨 마친 후에
곧 다시 제왕가에 환생하여
이 때에 존귀한 대비구 친견하니
이름은 진보이고 지혜 넓고 통달하였네.

이 때에 이 삼매를 듣고
환희용약하여 곧 수지하니
좋은 물건과 천 억의 진귀한 보배와
의복으로 공양하니 도를 위함이네.

천 명이 함께 삭발하여
뜻으로 이 삼매 즐거이 구하니
동시에 팔천 세를 구족하고

항상 비구 따라 여의지 않네.

한 번 듣고서 다시 들을 필요 없으니
이 삼매 비유컨대 바다 같으니
경전 지니고 외워 설하면
그가 태어나는 곳마다 삼매 들으리라.

쌓은 공덕으로 인하여
마땅히 제불의 대신통 친견하니
그 구족된 바 팔만 세이며
친견한 바 제불께 곧 공양하네.

일찍이 육만 억 제불 친견하고
그 위에 다시 육 천 세존께 공양하여
설한 바 법 듣고 크게 환희하니
그 후 사자의불 친견하였네.

이 공덕으로 제왕가에 태어나

부처님 친견하니 명호가 견정진이라.
무수한 모든 인민을 교화하여
일체 생사의 번뇌 해탈하네.

이 법 배우고 외운 후
곧 또한 부처님 친견하니 명호가
견용(堅勇)이라.
천상 세간에서 그 칭호를 외우면
삼매 소리 듣고 부처 이루리.

어찌 수지하고 외우고 설하는 자이랴.
모든 세계에 집착하는 바 없이
이 삼매 널리 펴서 베푸니
일찍이 불도 의심하거나 잊은 적 없네.

이 삼매경은 진실한 부처님 말씀이니
설사 이 경 먼 곳에 있음 들을지라도
불법 위하여 일부러 찾아가 듣고 받아

일심으로 외워서 잊지 말아야 하네.

가령 찾아가서 구했지만 듣지 못할지라도
그 공덕과 복은 가히 다함이 없으며
능히 그 공덕의 뜻 칭량할 수 없나니
어찌 듣고 나서 바로 수지함이랴.

만약 이 삼매를 구하기 원한다면
마땅히 옛날의 그 범달(梵達) 생각해보면
배우고 익히며 봉행함을 물러나지 않았으니
마땅히 비구가 경 얻길 이와 같이 해야 하네.

제15 지성불품(至誠佛品)

부처님께서 말씀하시기를,

"일찍이 헤아릴 수 없는 과거에 또한 부처님이 계셨으니 살차나마(薩遮那摩) 달살아갈아라하삼야삼불이라 이름하셨다. 그 때 비구가 있어 화륜이라 이름하였다. 그 부처님께서 열반에 드신 후에 이 비구는 이 삼매를 지녔는데 나는 이 때에 왕족이었다. 꿈 속에서 삼매를 듣고 꿈에서 깨어나서 곧 찾아가 삼매를 지닌 비구에게 구하였다. 바로 사문이 되어 비구 곁에서 오로지 이 삼매를 듣고 스승을 섬기기 삼만 육천 년이나 되었다. 마사(魔事)가 자주 일어나서 한결같이[一反] 듣지 못했느니라."

부처님께서 비구·비구니·우바새·우바이에게 이르시기를,

"내가 일부러 너희들에게 이야기하노니, 너희들은 마땅히 빨리 이 삼매를 얻어 잊지 않도록 그 스승을 잘 섬겨 이 삼매를 지녀야 하느니라. 일 겁 혹은 백 겁 혹은 천 겁에 이르러도 게을리 해서는 안되니, 응당히 이 삼매를 얻어야 하느니라. 훌륭한 선지식을 지켜 떠나지 말며, 혹은 음식·일용품·의복·침구와 천 만의 진귀한 보배로 스승을 섬겨야 하느니라. 스승에게 공양하되 아깝다고 생각해서는 안되느니라. 만약 가진 것이 없다면 마땅히 걸식을 해서라도 스승에게 공양해야 하느니라. 그러면 곧 마땅히 이 삼매를 얻을 것이니라. 부처님의 말씀이 싫다고 방치해서는 안되느니라. 이와 같이 공양하는 것을 말로써는 부족할 뿐이니라. 항상 마땅히 스스로의 몸을 베어서라도 훌륭한 선지식께 공양해야 하느니라. 항상 몸까지도 아끼지 않거늘 하물며 다른 것은 말해 무엇하랴.

　마땅히 훌륭한 스승을 섬기기를 종이 주인을 섬기듯이 해야 하느니라. 이 삼매를 구하는 자도 마땅히 이와 같이 해야 할 것이니라. 삼매를 얻고 나서 마땅히 굳게 지녀 항상 마땅히 스승의 은혜를 생각해야 하느니라."

부처님께서 말씀하시기를,

"이 삼매는 만나기 어려우니, 가령 이 삼매를 구하여 백억 겁에 이르러 단지 그 명성만 들으려 한다해도 능히 듣지 못하는데, 하물며 배우고 더욱이 행하여 남에게 가르쳐 주는 것에 있어서랴. 가령 항하의 모래만큼의 불찰에 진보를 채워 보시한다면 그 복덕은 많지 않겠느냐? 그러나 그것은 이 삼매를 쓰고 경을 지니는 자만도 같지 못하나니, 그 복은 지극하여 가히 헤아릴 수 없느니라."

이 때 부처님께서 게송으로 말씀하시기를,

내 스스로 과거세를 생각해 보니
그 햇수가 육만 세나 되었는데
항상 법사를 따라 떠나지 않았으나
처음에는 이 삼매 듣지 못했네.

한 부처님 계셨으니 그 명호

지성(至誠)35)이라
이 때에 화륜이라는 비구를 알았는데
그 부처님 세존이 열반 드신 후
비구는 항상 이 삼매 들었네.

나는 그 때 왕으로서
꿈 속에서 삼매들고
화륜비구 이 경을 지니니
왕은 당연히 이 삼매 수지하였네.

꿈에서 깨어나 곧 찾아 구하니
곧 비구를 친견하고 삼매 지녀
삭발하고 사문 되어
배우기 팔천 세가 일순간 이라.

그 햇수 팔만 년을 구족해서
이 비구를 공양하여 섬겼으나

---
35) 至誠: 薩遮那摩의 번역어. 具至誠이라고도 함.

마장이 자주 일어나
처음부터 일찍이 오롯이[一反] 듣지 못하였네.

이런 까닭에 비구·비구니와
청신사·청신녀는
이 경법 듣기를 너희들에게 부촉하노니
이 삼매 듣거든 속히 받아 행하여라.

항상 습지하여 이 법사 공경하노니
일 겁동안 게으르지 말며
천 억을 어렵다 말고 도를 지니면
마땅히 이 삼매 들어 얻으리.

의복과 침구가 천 억일지라도
비구는 집집이 걸식 행하여
이로써 법사를 공양하고 정진하면
이와 같은 삼매 얻으리.

등불과 음식은 마땅히 얻을 것이고
금은 진보로 공양 갖추며
항상 스스로 그 몸 베어서 공양할지니
하물며 음식에 있어서랴.

현명한 이는 법 얻어 속히 지녀 행하며
경전을 받아 배워 반복함 있어도
이 삼매 만나 보기 어려우니
억겁으로 늘 마땅히 구해야 하네.

떠도는 곳에서 이 법 들으면
마땅히 모든 배우는 이들에게 널리 베푸니
가령 천억겁으로
이 삼매 구하여도 듣기 어렵네.

설령 세계는 항사와 같고
그 안에 가득 찬 진귀한 보배로 보시할지라도
만약 이 한 게송 받아 설한다면

공경하고 외운 공덕은 그보다 뛰어나네.

제16 불인품(佛印品)

부처님께서 이에 발타화에게 말씀하시기를,

"만약 어떤 보살이 있어 이 삼매를 듣는 자는 마땅히 기쁜 마음으로 배워야 하느니라. 배우는 자는 부처님의 위신력을 지녀 배움을 얻으리라. 마땅히 즐거이 이 삼매를 흰 비단천에 쓰게 되면 불인(佛印)36)을 얻으리라. 불인(佛印)은 마땅히 공양해야 할 것이니라. 무엇을 불인이라 하는가? 알음알이를 행할 것이 없고, 탐착할 것이 없고, 구할 것이 없고, 생각할 것이 없고, 집착할 것이 없고, 원할 것이 없고, 태어나기를 바랄 것이 없고, 대적할 것이 없고, 생할 것이 없고, 소유할 것이 없고, 취할 것이 없고, 되돌아 볼 것이 없고, 갈 것이 없고, 장애될 것이 없고, 소유할 것이 없고, 맺을 것이 없느니라. 소유가 다하고, 욕망이 다하며, 비롯한 생이 없고, 멸할 것도 없고, 파괴될 것도 없고, 패할

---

36) 佛印: 印은 결정코 불변한다는 뜻. 諸法實相은 제불의 大道에 대하여 결정적으로 변치 않기 때문에 佛印이라 함.

것도 없으니, 도에 있어서 가장 종요로운 근본이 인(印) 가운데 있느니라. 아라한과 벽지불은 이를 파괴하지도 못하며, 패하게 하지도 못하며, 결함을 내지도 못하는데, 하물며 어리석은 자가 다시 이 인을 의심하겠는가? 이 인을 곧 불인이라 하느니라."

부처님께서 말씀하시기를,

"지금 나는 이 삼매를 설할 때에 팔천 백억의 제천·아수라·귀신·용·인민이 모두 수타항도(須陀恒道)를 얻고, 팔백의 비구가 모두 아라한도를 얻고, 오백의 비구니도 모두 아라한도를 얻고, 만 명의 보살이 이 삼매를 얻나니, 모두가 시작함이 없는 생의 법락을 얻느니라. 이 가운데서 만 이천 보살이 또한 돌아가지 않았느니라."

다시 부처님께서 사리불·목건련비구·아난·발타화보살·나트나카라보살·교일도보살·나라다트보살·산드히보살·마하수살화보살·인저달보살·화륜조보살에게 말씀하시기를,

"나는 이루 헤아릴 수 없는 겁으로부터 불도를 구하

여 지금에 이르러 부처가 되었느니라. 이 경을 가지고 너희들에게 부촉하노니, 배우고 독송하고 지니고 지켜 잊지 말아야 하느니라. 만약 발타화보살이여, 이 삼매를 배우는 이가 있다면 마땅히 구족하게 자세히 배우게 해야 하느니라. 대저 들으려고 원하는 이에게는 마땅히 자세히 듣게 하여라. 타인을 위해 설하는 이는 마땅히 빠짐없이 설해야 할 것이니라."

부처님께서 경을 다 설하여 마치자, 발타화보살 등과 사리불·마하목건련비구·아난 등과 제천·아수라·용·귀신·인민이 모두 크게 환희하면서 부처님께 나아가 예배하고 물러났다.

《般舟三昧經》終

般舟三昧經
卷上
（十方現在佛悉在前立定經）
後漢月氏國 三藏 支婁迦讖 漢譯

問事品 第一

佛在羅閱祇摩訶桓迦憐　摩訶比丘僧五百人皆得阿羅漢　獨阿難未　爾時有菩薩名颰陀和　與五百菩薩　俱皆持五戒　晡時至佛所前以頭面著佛足却坐一面　并與五百沙門俱至佛所　前為佛作禮却坐一面　時佛放威神諸比丘　所在遠方不來者　即是十萬比丘　俱相隨來會佛所　前為佛作禮却坐一面　佛復放威神摩訶波和提比丘尼　與三萬比丘尼　俱相隨至佛所　前為佛作禮却坐一面　佛復放威神　羅憐那竭菩薩從舍衛墮梨大國出　橋日兜菩薩從占波大國出　那羅達菩薩從彼羅斯大國出　須深菩薩從加羅衛大國出　摩訶須薩和菩薩與阿難邠坻迦羅越　俱從舍衛大國出因坻達菩薩從鳩睒彌大

國出 和輪調菩薩從沙祇大國出 一一菩薩各與二萬八千人俱來到佛所 前爲佛作禮皆却坐一面 羅閱祇王阿闍世 與十萬人俱來到佛所 前爲佛作禮却坐一面 四天王釋提桓因梵三鉢摩夷旦天阿迦尼吒天 各各與若干億億百千天子俱來到佛所 前爲佛作禮却住一面 難頭和難龍王 娑竭龍王 摩難斯龍王阿耨達龍王 各各與若干龍王億億百千萬俱來到佛所 前爲佛作禮却住一面 四面阿須倫王 各與若干阿羞倫民億百千萬俱來到佛所 前爲佛作禮却住一面 時諸比丘比丘尼 優婆塞優婆夷 諸天諸龍諸阿羞倫民 諸閱叉鬼神諸迦樓羅鬼神 諸甄多羅鬼神諸摩睺勒鬼神 諸人非人無央數都不可計 颰陀和菩薩 從坐起正衣服 叉手長跪白佛言 願欲有所問 既問者欲有所因故 天中天聽我言者今當問佛 佛告颰陀和菩薩 所因故者便問 佛當爲告說之颰陀和菩薩問佛言 當作何等三昧 所得智慧如大海 如須彌山 所聞者不疑 終不失入中之將 自致成佛終不還 終不生愚癡之處 豫知去來之事 未曾離佛時若於夢中亦不離佛 端政姝好 於衆中顏色無比 少小常在尊貴大姓家生若其父母兄弟宗親知識 無不敬愛

者　　高才廣博所議作者與衆絶異　　自守節度常內慚色終不自大常有慈哀　智慮通達於智中明無有與等者　威神無比精進難及入諸經中　多入諸經中　諸經中無不解安樂入禪入定入空　無想無所著　於是三事中不恐　多爲人說經便隨護之在所欲生何所自姿　無異本空功德力所信力　多所至到處其筋力強　無不欲愛力　無不有根力　明於所向力明於所念力　明於所視力　明於所願力　在所問如大海無有減盡時　如月盛滿時悉遍照無有不減明者　如日初出時　如炬火在所照無所罣礙不著心如虛空無所止　如金剛鑽無所不入　安如須彌山不可動如門閫正住堅　心軟如鵠毛無有麤爽　身無所慕樂於山川如野獸常自守不與人從事　若沙門道人　多所教授皆護視　若有輕嬈者　終無瞋恚心　一切諸魔不能動　解於諸經入諸慧中　學諸佛法無有能爲作師者　威力聖意無有能動搖者　深入之行相隨無所行常柔軟　於經中常悲承事於諸佛無有厭　所行種種功德悉逮及　所行常至所信常政　無有能亂者　所行常淨潔　臨事能決無有難　清淨於智慧悉明　得所樂行　盡於五蓋　智慧所行梢梢追成佛之境界　莊嚴諸國土　於戒中清淨　阿羅漢辟支佛

心　所作爲者皆究竟　所作功德常在上首　教授人民亦然　於菩薩中所教授無有厭　當所作者度無有極　一切餘道無有能及者　未嘗離佛　不見佛　常念諸佛如父母無異　梢梢得諸佛威神　悉得諸經　明眼所視無所罣礙　諸佛悉在前立　譬如幻師自在所化作諸法　不預計念便成法　亦無所從來　亦無所從去　如化作　念過去當來今現在如夢中　所有分身悉遍至諸佛刹　如日照水中影悉遍見　所念悉得如嚮　亦不來亦不去　生死如影之分便所想識如空　於法中無想　莫不歸仰者　一切平等無有異　於經中悉知　心不可計　一切諸刹心不著無所適念　出於諸佛刹　無所復罣礙　悉入諸陀憐尼門　於諸經中　聞一知萬　諸佛所說經悉能受持　侍諸佛悉得諸佛力　悉得佛威神　勇猛無所難　行步如猛師子無所畏　於諸國土無不用言者　所聞者未曾有有忘時　一切諸佛之議等無有異　悉了知本無經不恐　欲得諸經便自知說如諸佛終無厭　爲世間人之師無不依附者　其行方幅無有諂僞諸刹照明　朗不著於三處　所行無所罣礙　於衆輩中無所適　於本際法中無所慕　持薩芸若教人入佛道中　未曾恐怖無有畏懼時　悉曉知佛諸經所有卷所在

眾會中無不蒙福者　見佛極大慈歡喜　所學諸佛經通利　於大眾中無所畏　於大眾中無有能過者　名聲極遠　破壞諸疑難無不解　於經中極尊　於師子座上坐自在　如諸佛法教　悉曉知佛萬種語　悉入萬億音　愛重諸佛經常念在左右側　未曾離於諸佛慈　於佛經中樂行　相隨佛出入常在善知識邊無有厭極時　於十方諸佛剎無所適止　悉逮得願行　度脫十方萬民智慧珍寶　悉逮得經藏　身如虛空無有想　教人求菩薩道　使佛種不斷　行菩薩道未曾離摩訶衍　逮得摩訶僧那僧涅槃廣大道　疾逮得一切智　諸佛皆稱譽　近佛十方地一切所想悉入中一切所計悉了知　世間之變悉曉知　成敗之事生者滅者悉曉知　入經海寶開第一之藏悉布施　悉於諸剎行願亦不在中止　極大變化如佛所樂行　心一反念佛悉在前立　一切適不復願　適無所生處　十方不可計佛剎悉見聞諸佛所說經　一一佛比丘僧悉見　是時不持仙道羅漢辟支佛眼視　不於是間終生彼間佛剎爾乃見　便於是間坐悉見諸佛　悉聞諸佛所說經　悉皆受　譬如我今於佛前　面見佛菩薩　如是未曾離佛　未曾佛聞經　佛告颰陀和菩薩　善哉善哉　所問者多所度脫多所安穩　於世間

人民不可復計　天上天下悉安之　今若能問佛如是　若乃前世過去佛時　所聞地行作功德所致　供養若干佛以所致　樂於經中所致　作道行守禁戒所致　自守法行清白不煩惱濁　輒以乞匃自食　多成就諸菩薩合會教語諸菩薩　用是故極大慈哀　一切人民皆於等心　隨時欲見佛卽見佛　所願極廣大甚深之行　當念佛智慧　悉持經戒　悉具足佛種聖心知金剛　悉知世間人民心所念　悉在諸佛前　佛告颰陀和菩薩　若功德以不可復計　佛言今現在佛悉在前立三昧其有行是三昧　若小問者悉可得　颰陀和菩薩白佛言　願佛哀說之　今佛說者　多所過度　多所安穩願佛爲諸菩薩現大明　佛告颰陀和菩薩一法行常當習持常當守　不復隨餘法　諸功德中最第一何等爲第一法行　是三昧名現在佛悉在前立三昧

行品 第二

佛告颰陀和菩薩　若有菩薩所念現在　定意向十方佛　若有定意一切得菩薩高行　何等爲定意　從念佛因緣向佛念意不亂　從得點不捨精進　與善知識共行空　除睡眠不聚會　避惡知識近善知識　不亂精進飯知足　不貪衣　不惜壽命　子身避親屬離鄉里　習等意得悲意心　護行棄蓋習禪　不隨色　不受陰　佛入衰　不念四大　不失意　不貪性　解不淨　不捨十方人　活十方人　十方人計爲是我所　十方人計爲非我所　一切欲受　不貿戒習空行　欲諷經　不中犯戒　不失定意　不疑法　不諍佛　不却法　不亂比丘僧　離妄語　助道德家　避癡人世間語不喜不欲　聞道語　具欲聞亦喜　從因緣畜生生　不欲聞六味　習爲五習　爲離十惡　爲習十善爲曉九惱　行八精進捨八懈怠　爲習八便　爲習九思　八道家念　又不著禪聞不貢高棄自大　聽說法　欲聞經　欲行法　不隨歲計　不受身想　離十方人　不欲受　不貪壽　爲了陰不隨惑　爲不隨所有求無爲　不欲生死大畏生死　計陰如賊計四大如蛇　十二衰計空　久住三界不安穩莫忘得無爲　不欲

貪欲　願棄生死　不隨人諍　不欲墮生死　常立佛前　受身計如夢　以受信不復疑　意無有異　一切滅思想過去事　未來事　今現在事等意　常念諸佛功德　自歸爲依佛定意得自在　不隨佛身相法　一切一計不與天下諍所作不諍　從因緣生受了　從佛地度得可法　中法中得下　以了空意計人　亦不有亦不滅　自證無爲點眼以淨　一切不二覺意不在中邊　一切佛爲一念入　無有疑點　無有能呵　自得曉覺意故　佛點不從他人待　得善知識計如佛　無有異意　一切在菩薩無有離時　從一切魔不能動一切人如鏡中像　見一切佛如畫　一切從法行　爲入淸淨菩薩行　如是佛言　持是行法故致三昧便得三昧　現在諸佛悉在前立　何因致　現在諸佛悉在前立三昧　如是颰陀和　其有比丘比丘尼　優婆塞優婆夷持戒完具獨一處止　心念西方阿彌陀佛今現在隨所聞當念　去是間千億萬佛刹　其國名須摩提　在衆菩薩中央說經一切常念阿彌陀佛佛告颰陀和譬如人臥出於夢中　見所有金銀珍寶　父母兄弟妻子親屬知識　相與娛樂喜樂無輩其覺以爲人說之　後自淚出念夢中所見　如是颰陀和菩薩　若沙門白衣　所聞西方阿彌陀佛刹　當念彼方佛不

得缺戒 一心念若一晝夜 若七日七夜 過七日以後 見
阿彌陀佛 於覺不見 於夢中見之 譬如人夢中所見 不
知晝不知夜 亦不知內不知外 不用在冥中故不見 不
用有所弊礙故不見 如是颰陀和 菩薩心當作是念 時
諸佛國界名大仙須彌山 其有幽冥之處悉為開闢 目亦
不弊 心亦不礙 是菩薩摩訶薩 不持天眼徹視 不持天
耳徹聽 不持神足到其佛剎 不於是間終 生彼間佛剎
乃見 便於是間坐 見阿彌陀佛 聞所說經悉受得從三
昧中 悉能具足 為人說之 譬若有人 聞墮舍利國中
有婬女人名須門 若復有人 聞婬女人阿凡和梨 若復
有人 聞優陂洹作婬女人 是時各各思念之 其人未曾
見此三女人 聞之婬意即為動 便於夢中各往到其所
是時三人皆在羅閱祇國 同時念 各於夢中到是婬女人
所與共棲宿 其覺已各自念之 佛告颰陀和 我持三人
以付 若持是事為人說經 使解此慧至不退轉地得無上
正真道 然後得佛號曰善覺 如是颰陀和 菩薩於是間
國土聞阿彌陀佛 數數念故 見阿彌陀佛 見佛已從問
當持何等法生阿彌陀佛國 爾時阿彌陀佛 於是菩薩言
欲來生我國者 常念我數數 常當守念 莫有休息 如是

得來生我國　佛言　是菩薩用是念佛故　當得生阿彌陀佛國　常當念如是佛身　有三十二相悉具足光明徹照端正無比在比丘僧中說經　說經不壞敗色　何等爲不壞敗色　痛痒思想　生死識魂神　地水火風世間天上　上至梵摩訶梵　不壞敗色　用念佛故　得空三昧　如是爲念佛佛告颰陀和　菩薩於三昧中　誰當證者　我弟子摩訶迦葉　因坻達菩薩　須眞天子　及時知是三昧者　有行得是三昧者是爲證　何等爲證　證是三昧知爲空定　佛告颰陀和　乃往去時有佛　名須波日　時有人行出入大空澤中不得飲食飢渴而臥　出便於夢中得香甘美食　飲食已其覺腹中空　自念一切所有皆如夢耶　佛言　其人用念空故　便逮得無所從生法樂　卽逮得阿惟越致　如是颰陀和　菩薩其所向方　聞現在佛　常念所向方欲見佛　卽念佛不當念有　亦無我所立　如想空當念佛位　如以珍寶倚琉璃上　菩薩如是十方無央數佛淸淨　譬如人遠出到他郡國　念本鄉里家親屬財産　其人於夢中　歸到故鄉里見家室親屬　喜共言語　於夢中見以覺爲知識說之我歸到故鄉里見我家室親屬　佛言　菩薩如是　其所向方　聞佛名　常念所向方欲見佛　菩薩一切見佛　如持珍

寶著琉璃上　譬如比丘觀死人骨著前　有觀青時　有觀白時　有觀赤時　有觀黑時　其骨無有持來者　亦無有是骨　亦無所從來是意所作想有耳　菩薩如是持佛威神力於三昧中立　在所欲見何方佛　欲見即見　何以故　如是颰陀和　是三昧佛力所成　持佛威神　於三昧中立者　有三事　持佛威神力　持佛三昧力　持本功德力　用是三事故　得見佛　譬若颰陀和年少之人　端正姝好莊嚴　已如持淨器盛好麻油　如持好器盛淨水　如新磨鏡　如無瑕水精　欲自見影　於是自照悉自見影　云何颰陀和　其所麻油　水鏡水精　其人自照　寧有影從外入中不　颰陀和言　不也天中天　用麻油水精水鏡淨潔故　自見其影耳　其影亦不從中出　亦不從外入　佛言　善哉善哉　颰陀和　如颰犮陀和　色清淨　所有者清淨　欲見佛即見　見即問　問即報　聞經大歡喜　作是念　佛從何所來　我為到何所　自念佛無所從來　我亦無所至　自念三處　欲處　色處　無想處　是三處意所為耳　我所念即見　心作佛　心自見心是佛　心是怛薩阿竭　心是我身　心見佛　心不自知心　心不自見心　心有想為疑　心無想是泥洹　是法無可樂者　皆念所為　設使念為空耳　設有念者亦了無所有　如

是颰陀和 菩薩在三昧中立者所見如是 佛爾時頌偈曰

　心者不知心 有心不見心
　心起想卽癡 無想是泥洹
　是法無堅固 常立在於念
　以解見空者 一切無想念

四事品 第三

菩薩有四事法　疾逮得三昧　何等爲四　一者所信無有能壞者　二者精進無有能逮者　三者所入智慧無有能及者　四者常與善師從事　是爲四　菩薩復有四事　疾得是三昧　何等爲四　一者不得有世間思想　如指相彈頃三月　二者不得臥出三月　如指相彈頃　三者經行不得休息　不得坐三月　餘其飯食左右　四者爲人說經　不得望人衣服飲食　是爲四　菩薩復有四事疾得是三昧　何等爲四　一者合會人至佛所　二者合會人使聽經　三者嫉妬　四者教人學佛道　是爲四　菩薩復有四事　疾得是三昧　何等爲四　一者作佛形像若作盡　用是三昧故　二者用是三昧故　持好疋素令人寫是三昧　三者教自貢高人內佛道中　四者　常護佛法　是爲四　時佛說偈而歎曰
常當樂信於佛法　誦經念空莫中止　精進除睡臥　三月莫得懈　坐說經時安諦受學　極當廣遠　若有供養饋遺者　莫得喜　無所貪慕　得經疾　佛者色如金光　身有三十二相　一相有百福功德　端政如天金成作　過去佛當來佛　悉豫自歸　今現在佛皆於入中最尊　常念供養　當

供養於佛　華香擣香飯食具足　當持善意　用是故　三昧
離不遠　持常鼓樂倡伎　樂於佛心　常當娛樂　爲求是三
昧者　當作佛像　種種具足種種姝好　面目如金光　求是
三昧者　所施常當自樂　如持戒當清潔高行　棄捐懈怠
疾得是三昧不久　瞋恚不生　常行於慈心　常行悲哀　等
心無所憎惡　今得是三昧不久　極慈於善師視當如佛
瞋恚疾貪不得有於經中施不得貪　如是教當堅持諸經
法　悉當隨是入　是爲諸佛之道經　如是行者　今得三昧
不久　佛告颰陀和　如是等菩薩　當慈心常樂於善師　所
視師當如佛　悉具足承事　欲書是三昧經時　若欲學時
菩薩敬師如是　颰陀和　菩薩於善師有瞋恚　有持善師
短視善師不如佛者　譬如颰陀和　菩薩明眼人夜半視星
宿見星其衆多　如是颰陀和　菩薩持佛威神　於三昧中
立　東向視見若干百佛　若干千佛　若干萬佛　若干億佛
如是十方等悉見諸佛　佛告颰陀和　是菩薩如佛眼悉知
悉見　如是颰陀和　是菩薩欲得今現在諸佛悉在前立三
昧　布施當具足　持戒如是　忍辱精進一心智慧　度脱智
慧身悉具足　時佛歎曰　如淨眼人夜半上向視星宿不可
計　晝日思念悉見　菩薩如是逮得三昧者　見不可復計

百千佛　從三昧中覺以悉念見　自姿爲諸弟子說　佛言
如我眼淸淨常見於世間　菩薩如是得三昧　以見不可復
計佛　見佛不視身相　但視十種力　不如世間人如有貪
消滅諸毒以淸淨不復想　菩薩逮功德如是聞是經　邇是
經如泥洹　聞是法空空　無有恐怖　我當作是說經　用衆
人民故　皆令得佛道　佛言　如我比丘阿難點慧聞經卽
受持　菩薩如是逮得是三昧　以聞不可計經卷悉受持
佛言　如阿彌陀佛刹諸菩薩　常見不可計佛　如是菩薩
得三昧　以常見不可計佛　所信常有哀心　譬如渴者欲
得飮　常有極大者　棄捐世俗事　常樂持經施　用是故淸
淨得三昧不久

譬喻品 第四

佛告颰陀和　菩薩慈求三昧者　得是三昧已　不精進行者　譬如颰陀和　有人載滿舡珍寶　欲持度大海　未至舡中道壞　閻浮利人皆大悲念　亡我爾所珍寶　如是颰陀和　是菩薩聞是三昧已　不書不學不誦不持如中法　一切諸天人民　皆為大悲憂言　乃亡我爾所經寶　要失是深三昧故　佛言　是三昧經者　是佛所囑　佛所稱譽　聞是深三昧經者　不書不學不誦不守不持如法者　反復愚癡自用以為高耶　不受是經意欲高才　反不肯學是三昧　譬如颰陀和　愚癡之子　有人與滿手栴檀香　不肯受之　反謂與之不淨栴檀香　其貨主語其人言　此栴檀香　卿莫謂不淨乎　且取嗅之知香不　試視之知淨不　癡人閉目不視不肯嗅　佛言　其聞是三昧者　如是不肯受之反棄捨去　是為不持戒人　反捨是珍寶經　是為愚癡無智自用得禪具足為度　反呼世間為有　不入空　不知無　其人聞是三昧已　不樂不信　不入中　反作輕戲語　佛亦有深經乎　亦有威神乎　反形言　世間亦有比丘如阿難乎　佛言　其人從持是三昧者　所去兩兩三三　相與語云　是

語是何等說乎 是何從所得是語乎 是爲自合會作是語耳 是經非佛所說 佛告颰陀和 譬如賣客持摩尼珠 示田家痴子 其人問賣客 評此幾錢賣客答言 夜半時於冥處 持是摩尼珠著冥中 其明所照至直滿其中寶 佛言 其人殊不曉其價 反形是摩尼珠言 其價能與一頭牛等不 寧可貿一頭牛想 是不復過此 與我者善 不肯者已 如是颰陀和 其人聞是三昧不信者反形是經如是 佛言 如菩薩持是三昧受信者便隨行 四面皆擁護無所畏 持禁戒完具爲得高明 點慧深入爲他人說之 菩薩當持 是三昧分布語人 展轉相傳當令是三昧久住 佛言 癡人自於前世佛所不供養 不作功德 反自貢高 多行誹謗嫉妬用財利故 但欲求名 但欲嘩說 不得善師亦不明經 聞是三昧已不信不樂不入中 反誹謗人言是彼不知愧爲自作是經耳 是經非佛所說 佛告颰陀和 今我具語汝如是 颰陀和 求菩薩道者 若善男子善女人 持是三千國土 滿其中珍寶 施與佛 設有是功德不如聞是三昧 若有菩薩聞是三昧信樂者其福轉培多是佛嘆曰 是三千國土 滿其中珍寶施於佛 持用求佛復有異人 持是三昧者 是佛所稱譽 聞信者其福培多

佛言 是迷惑自貢高人 不信者及與惡知識從事 聞此經不信佛樂 是爲於我經中怨家無異 是不持戒人 在自大中 其餘人轉聞其言信隨之 此爲壞佛法 其人相告言 是經爲非佛所說 直作是誹謗 佛言 有信是三昧者 其人宿命曾見過去佛 已用是故我爲是信者說是三昧耳 是輩之人 常護佛法 聞是經信樂者 當作是知離佛不遠 若持經堅者 常正心恭敬於經 我用是故爲是人說耳 佛告颰陀和 我所說無有異 爾故說是語耳 今見我說是三昧者 其人却後世時 聞是三昧終不疑 不形笑 不信不信 除在惡師邊 正使在善師邊 其功德薄少 如是輩人 復轉與惡師從事 是輩人者 聞是三昧不信不樂不入中 何以故 其人未久學 所便佛少所信 智慧少故不信耳 佛告 颰陀和 其有菩薩 聞是三昧 不形笑 不誹謗者 歡喜不中疑 不信乍信不信 樂書樂學樂誦樂持 佛言 我悉預見 已其人不獨於一佛 所作功德不於二若三若十悉於百佛所聞是三昧 却後世時聞是三昧者 書學誦持經卷 最後守一日一夜其福不可計自致阿惟越致 所願者得 佛告颰陀和 聽我說譬喻 譬如颰陀和 有人取一佛刹 悉破碎如塵 其人取此一塵

悉復破盡如一佛刹塵　都盧悉取一一塵皆復塵碎塵如一佛刹塵　云何颰陀和　是塵其數寧多不　颰陀和言　甚多甚多　天中天　佛告颰陀和　我爲汝曹引此譬喩　若有一菩薩　盡取是一塵置一佛刹　其數爾所佛刹　滿其中珍寶悉持供養諸佛　不知聞是三昧　若復有一菩薩聞是三昧已　書學誦持爲他人說　須臾間　是菩薩功德不可復計　佛言　持是三昧者　書學誦持爲他人說　其福乃爾　何況守是三昧悉具足者　佛爾時頌偈曰

三千大千之國土　滿中珍寶用布施
設使不聞是像經　其功德福爲薄少
若有菩薩具衆德　當講奉行是三昧
疾悉諷誦此經法　其功德福無有量
如一佛國塵世界　皆破壞碎以爲塵
彼諸佛土過是數　滿中珍寶用布施
其有受持是世尊　四句之義爲人說
是三昧者諸佛悉　得聞功德叵比喩
何況有人自講說　受持諷誦念須臾
轉加增進奉行者　其功德福無有量

假使一切皆爲佛　聖智清淨慧第一
皆於億劫過其數　講說一偈之功德
至於泥洹讚詠福　無數億劫悉嘆誦
不能盡究其功德　於是三昧一偈事
一切佛國所有地　四方四隅及上下
滿中珍寶以布施　用供養佛天中天
若有聞是三昧者　得其福祐過於彼
安諦諷誦講說者　引譬功德不可喻
其人貢高終不起　亦無有趣惡道時
解了深法不疑結　行斯三昧德如是
學士爲以見奉吾　德重精進普不著
增益信明爲菩薩　力學三昧佛所讚
囑累汝等常勸教　力行精進無放逸
自勖勇猛勤修行　令得大道不復反
其有誦受是三昧　已爲面見百千佛
假使最後大恐懼　持此三昧無所畏
行是比丘以見我　常爲隨佛不遠離
菩薩聞習三昧自　義當受持爲人說
菩薩得是三昧者　爾乃名曰博達慧

爲逮總持佛稱譽　疾成佛道智如海
　　常恒誦說是三昧　當從佛法世尊教
　　聞其種姓得等覺　如佛所說無有異

般舟三昧經 卷上 終

般舟三昧經
卷中

後漢月氏 三藏 支婁迦讖 漢譯

無著品 第五

佛告颰陀和 是菩薩三昧當云何譬 如佛令於若前說經 菩薩當作是念 諸佛悉在前立 當具足念諸佛端正 悉欲逮見一一常 當想識無有能見諸佛頂上者 悉具足作是想見諸佛 當作是念 我身亦當逮得如是 如當體得身想如是 亦唐逮得持戒三昧如是 當作是念 我當從心得從身得 復更作念 佛亦不用心得 亦不用身得 亦不慾心得佛 亦不用色得佛 何以故 心者佛無心 色者佛無色 不用是是心色 阿耨多羅三藐三菩提 何以故 佛色以盡 佛痛痒思想 生死識了盡 佛所說盡者 愚癡不見不知 智者曉了之 作是念 當持何得念得佛 當持身得佛 當持智慧得佛 復作是念 亦不用身得佛 亦不用智慧得佛 何以故 智慧索不能得 自復索我了不可

得 亦無所得 亦無所見 一切法本無所有念有因著 無有反言有亦著 是兩者亦不念 亦不復適得其中 但用是故 亦不在邊 亦不在中 亦不有亦不無 何以故 諸法空 是如泥洹 亦不壞亦不腐亦不堅 亦不在是間 亦不在彼邊 無有想 不動搖 何等爲不動搖 智者不計是故不動搖 如是颰陀和 菩薩見佛 以菩薩心念無所著 何以故 說無所有 經說無所有 中不著 壞本絕本是爲無所著 如是颰陀和 是菩薩守是三昧 當作是見佛 不當著佛 何以故 設有所著爲自燒 譬如大叚鐵著火中燒正赤 有智者不當以手持 何以故 燒人手 如是颰陀和 菩薩見佛當著 色痛痒思想生死識不當著 何以故 著者爲燒身 見佛但當念其功德 當索摩訶衍 佛告颰陀和 是菩薩於三昧中不當有所著 不著者疾得是三昧 佛爾時頌偈言

如新磨鏡盛油器 女人莊飾自照形
於中起生婬欲心 放逸姿態甚迷荒
追不至誠虛捐法 爲色走使燒其身
女人患害從是起 用不解法非常空

有想菩薩亦如是　我當成佛逮甘露
度脫人民憂惱患　有人想故爲不解
求索人本不可得　亦無生死及泥洹
法不可擁如水月　觀察佛道無歸趣
黠慧菩薩當了是　解知世間悉本無
於諸人物無所著　疾速於世得佛道
諸佛從心解佛道　心者清淨明無垢
五道鮮潔不受色　有解是者成大道
一切諸法無色漏　離想者空無想空
絕去婬欲則脫心　有解此者得三昧
精進奉行求佛道　常聽諸法本清淨
無得行求無不求　於是三昧不難得
觀察所有如虛空　道意寂然審第一
無想無作亦無聞　是爲解了尊佛道
見一切色不想念　眼無所著無往來
常觀諸佛如虛空　已度世間諸所求
其人清淨眼無垢　奉行清淨常寂然
無量經法悉受持　思惟分別是三昧
行是三昧無所著　除一切冥得定意

不見世雄無賢聖　諸外異道聞此惑
超度思想當志求　心以清淨得見佛
觀諸佛已不復見　爾乃解是尊三昧
於地水火莫能礙　風種虛空亦不蔽
行是精進見十方　坐遙聽受所化法
如我於是講說經　樂道法者面見佛
作行勳力而不著　唯從世尊所說法
行者如是無所念　專聽道義興法施
常念解了是三昧　普諦受誦佛所講
過去諸佛皆論法　當來世尊亦復然
讚說宣布分別義　皆空嘆講是三昧
我亦如是爲人尊　在世無上眾生父
皆悉解知此道眼　故解脫示寂三昧
其有講受是三昧　身常安穩意不荒
是爲諸佛無量德　致尊佛道獲不離
廣採眾經不可講　欲達一切諸佛化
速疾去欲諸垢塵　精進行是淨三昧
現世欲見無數佛　樂從諸尊聽受法
速疾去色諸所著　行是清淨寂三昧

於是無貪及瞋恚　捨離愚癡捐憎愛
棄遠無點除狐疑　如是得解空三昧

四輩品 第六

颰陀和菩薩白佛 難及天中天說三昧者 若有菩薩棄愛欲作比丘 聞是三昧已 當云何學 云何行 佛言 若有菩薩 棄愛欲作比丘 意欲學是三昧者 誦是三昧者 當清淨持戒 不得缺戒大如毛髮 何等為菩薩不缺戒 一切悉護禁法 出入行法 悉當護不得犯戒大如毛髮 常當怖畏遠離於諛諂 悉當護禁 作是護者是為清淨持戒 何等為菩薩缺戒者 是菩薩求色 何等為求色 其人意念 持是功德 使我後世生若作天 若作遮迦越王 佛言 用是比丘菩薩為缺戒 其人久持是海持是戒 持是自守福欲所生處 樂於愛欲中 是為毀戒 佛告颰陀和 是菩薩比丘 欲學是三昧者 清淨持戒 完具持戒不諛諂 持戒當為智者所稱譽 為羅漢所稱譽 於經中當布施 當精進所念強 當多信勸樂 常承事於和上 當承事於善師 所從聞是三昧者 所可聞是三昧處 當觀其人如佛 佛告颰陀和 是菩薩視師如視佛者 得三昧疾 設不恭敬於善師 輕易於善師 欺調於善師 正使久學是三昧 久持久行 設不恭敬師者疾亡之 佛告颰陀和 是菩薩

若從比丘比丘尼 優婆塞優婆夷所 得聞是三昧 當視如佛 所聞三昧處當尊敬 佛告 颰陀和 菩薩所聞是三昧處 不當持諂意 向是菩薩不得諂意 常當樂獨處止 不惜身命 不得悕望人有所索 常行乞食 不受請 不嫉妬 自守節度如法住 所有趣足而已 經行不得懈 不得臥出 如是颰陀和 如是經中教其棄愛慾作比丘學是三昧者 當如是守 如是颰陀和 菩薩白佛難及天中天所說法 若有復後世懈怠菩薩 聞是三昧已不肯精進 其人自念 我當於後當來佛所索是三昧耳 云何言我曹身羸極有病瘦恐不能求 聞是經已懈怠不精進若復有菩薩精進者 欲學是經 當教之隨是經中法教 用是經故不惜身命不望人有所得者 有人稱譽者不用喜 不大貪鉢震越 無所愛慕 常無所欲 聞是經不懈怠 常精進 其人不念 我當於後當來佛所乃求索 自念使我筋骨髓肉皆使枯腐 學是三昧終不懈怠 自念我終不懈怠死也 聞是經已無不歡樂 時佛言 善哉善哉颰陀和 所說者無有異 我助其歡喜 過去當來今現在佛悉助歡喜 佛爾時頌偈言

如我今所說法　悉受學獨處止
行功德自守節　是三昧不難得
常乞食不受請　悉棄捨諸欲樂
所從聞是三昧　敬法師如世尊
有誦行是三昧　常精進莫懈怠
不得惜於經法　不求供乃與經
其有守是三昧　爾乃爲是佛子
學奉行如是者　得三昧終不久
當懃力不懈怠　除睡眠心開解
當遠離惡知識　然後從是法行
去放逸不休息　常捨離衆聚會
比丘求斯三昧　隨佛敎當如是

颰陀和菩薩白佛言　比丘尼求菩薩道　欲學是三昧　欲守是三昧　當持何等法　住學守是三昧　佛告颰陀和　比丘尼求摩訶衍三拔致　是三昧學守者　當謙敬　不當嫉妒　不得瞋恚　去自貢高　去自貴大　却於懈怠　當精進　棄於睡眠不得臥出　悉却財利　悉當淨潔護　不得惜軀命　常當樂於經　當求多學　當棄婬恚痴　出魔羅網去

當棄所好服飾珠環 不得惡口 不得貪愛好鉢震越 當
爲人所稱譽不得有諛諂 學是三昧時 當敬善師視如佛
當承是經中教守是三昧 佛爾時頌偈言

　　比丘尼行恭敬　不妬嫉離瞋恚
　　除憍慢去自大　行是者得三昧
　　當精進却睡臥　捐所欲不貪睡
　　一心慈於是法　求三昧當如是
　　無得聽貪婬心　棄瞋恚及愚癡
　　莫得墮魔羅網　求三昧當如是
　　設有學是三昧　無調戲捨貪身
　　一切捐衆狐疑　當至誠不虛飾
　　捨所慈常大慈　敬善師無已已
　　當去離於衆惡　求三昧當如是
　　行求法欲得者　不貪著鉢震越
　　從人聞爾三昧　視如佛等無異

颰陀和菩薩白佛言 若有白衣菩薩 居家修道 聞是三
昧已欲學者 欲守者 當云何於法中立 學守是三昧 佛

告颰陀和　白衣菩薩　聞是三昧已欲學守者　當持五戒堅淨潔住　酒不得飲　亦不得飲他人　不得與女人交通　不得自爲　亦不得教他人爲　不得有恩愛於妻子　不得念男女　不得念財産　常念欲棄妻子　行作沙門　常持八關齋　齋時常當於佛寺齋　常當念布施不念我　當自得其福　當用萬民故施　常當大慈於善師　見持戒比丘不得輕易說其惡　作是行已　當學當守是三昧　佛爾時頌偈言

有居家菩薩　欲得是三昧
常當學究竟　心無所貪慕
誦是三昧時　思樂作沙門
不得貪妻子　捨離於財色
常奉持五戒　一月八關齋
齋時於佛寺　學三昧通利
不得說人惡　無形輕慢行
心無所榮冀　當行是三昧
奉敬諸經法　常當樂於道
心無有諂僞　棄捨慳妬意

有學是三昧　常當行恭敬
　　捨自大放逸　奉事比丘僧

颰陀和菩薩白佛　若有優婆夷　求摩訶衍三拔致　聞是三昧已欲學守者　當行何等法學守是三昧　佛告颰陀和　若優婆夷求摩訶衍三拔致　聞是三昧已欲學守者　當持五戒自歸於三　何等爲三　自歸於佛　歸命於法　歸命於比丘僧　不得事餘道　不得拜於天　不得示吉良日　不得調戲　不得慢恣　不得有貪心　優婆夷常當念布施　歡樂欲聞經　力多學問優婆夷常當敬重於善師　心常不倦不懈　若比丘比丘尼過者　常以坐席賓主飲食待之　佛爾時頌偈言

　　若有優婆夷　誦是三昧者
　　當從佛法敎　奉五戒完具
　　守是三昧時　當尊敬於佛
　　及法比丘衆　恭敬其善師
　　不得事餘道　勿祠祀於天
　　行是三昧者　見人立迎逆

除去殺盜婬　至誠不兩說
無得向酒家　當行是三昧
心不得懷貪　常當念施與
除去諛謟意　無得說人短
常當恭敬事　比丘比丘尼
聞法於悉受　學三昧如是

授決品 第七

颰陀和菩薩問佛 少有及者天中天怛薩阿竭 乃說是三昧 諸菩薩所樂精進行 無有懈怠於阿耨多羅三藐三菩提 佛般泥洹後 是三昧者 當在閻浮利內不 佛告颰陀和菩薩 我般泥洹後 是三昧者當現在四十歲其後不復現 却後亂世佛經且欲斷時 諸比丘不復承用佛教 然後亂世時 國國相伐 於是時是三昧當復現閻浮利內 用佛威神故 是三昧經復爲出 颰陀和菩薩 羅隣那竭菩薩 從坐起正衣服 叉手於佛前白佛 佛般泥洹後亂世時 我曹共護是三昧 持是三昧 具足爲人說之 聞是經卷無有厭極時 摩訶須薩和菩薩 憍日兜菩薩 那羅達菩薩 須深菩薩 因坻達菩薩 和輪調菩薩 共白佛言 佛般泥洹去 却後亂世時 是經卷者 我輩自共護持 使佛道久在 其有未聞者 我輩當共爲說 教授是深經 世間少有信者 我曹悉受之 時五百人從坐起 比丘比丘尼 優婆塞優婆夷皆叉手於佛前往白佛 佛般泥洹後亂世時 聞是三昧悉自持護願持 我五百人囑累是八菩薩 時佛笑 口中金色光出 至十方不可計佛國 悉照明還

遶身三匝從頭上入　阿難從坐起更被袈裟　前至佛所爲佛作禮　却住叉手　以偈讚曰

其心淸淨行無穢　神通無極大變化
已過諸礙超衆智　光明除冥去垢塵
智慧無量心普解　佛天中天鵁鴨音
一切外道莫能動　何緣而笑出妙光
願正眞覺爲解說　慈愍一切衆生尊
若有聞佛柔濡音　解釋達聖化俗行
世尊所感非唐擧　衆聖導師不妄笑
今者誰當在決中　世雄願爲解此意
今日誰住道德堅　誰當逮得興妙行
誰今受得深法藏　無上道德衆所歸
今日誰當愍世間　誰當奉受是法敎
誰堅立於佛智慧　世尊願爲解說之

佛爾時爲阿難說偈言

佛語阿難汝見佛　五百人等在前立

其心歡然歌頌曰　我等亦當逮是法
顏色和悅敬視佛　我等何時得如是
皆悉竦立嗟嘆佛　我輩會當逮如是
五百人等今現在　名字雖異本行同
常樂奉受是深經　於當來世亦復然
今我囑累告汝等　佛慧無量如彼本
是等不獨見一佛　亦不立此得其慧
徹照彼之宿世命　以曾更見八萬佛
五百人等存在道　常解經義勉行成
勸助無數諸菩薩　常行慈哀護經法
勸化一切衆人民　悉令逮得大道行
知見過去諸世尊　覩八十億那術數
名德普大脫於心　擁護是法三轉行
現世於此受我教　分布供養是舍利
安諦受習佛所化　皆悉諷誦有所付
著於塔寺及山中　若付天龍乾陀羅
各各轉授經卷已　壽命終訖生天上
天上壽盡還世間　各各而生異種姓
當復取此佛道行　分別是經如所願

用愛樂斯經法故　求輒得之持奉行
令無數人得聽聞　欣踊難量心無等
是等詰慧不厭法　非貪軀體及壽命
降伏一切諸外道　授與經法弘其志
是經法自無能得　及持諷誦講說者
今四輩人住我前　五百之衆能堪持
是八菩薩颰陀和　羅隣那竭那羅達
摩訶須薩和輪調　因坻須深憍日兜
比丘及尼清信士　奉玄妙法上義句
常以經道哀世間　宣暢方等普流化
颰陀和等八菩薩　於五百衆爲英雄
常當奉持方等經　於世之俗無所著
釋一切縛解空慧　紫磨金色百福相
恒行慈哀度衆生　施以安隱滅諸塵
壽終之後生法家　不復歸於三惡道
世世相隨常和協　然後逮得尊佛道
已棄捐於八難處　遠離一切諸惡道
其功德行莫能稱　所受福祐無能量
當復值見彌勒佛　咸同一心往自歸

悉共供養等慈哀　逮於無上寂滅句
其心僉然而和同　正意奉事人中尊
不猗俗事得法忍　疾逮無上大道行
彼常奉持此經法　夙興夜寐而諷誦
殖衆功德修梵行　覩彌勒時義若此
於是賢劫所興佛　慈哀世間放光明
每所在處普持法　奉事去來現在佛
皆悉供養諸世雄　見三世尊無衆毒
當疾逮得尊佛道　不可思議無有量
中有前得佛道者　後人展轉相供養
不可計劫那術數　如是終竟乃斷絕
於是居士颰陀和　羅隣那竭那羅達
及須薩和憍日兜　曾見諸佛如恒沙
常當奉事正法化　宣布諸佛無億敎
道行無量不可稱　至于無數億劫中
假使有人受持名　所周旋處若夢中
如是勇猛導世間　皆當逮得無上道
若有覩見及聞聲　其心欣然踊躍者
皆得佛道不復疑　何況奉受供養者

若瞋恚之及罵詈　持惡意向撾捶者
於是八人威神恩　尚使得佛況恭敬
彼所受法不可議　名稱無量及壽命
光明無限德無疑　智慧無量行亦然
當得面見無量佛　清淨之戒如恒沙
於是廣普行布施　以用求索無上道
無數億劫說其福　莫能齋限厥功德
受是經法誦習者　逮於大道不復難
其有愛樂此經卷　受誦諷持講說者
當知五百人中人　其是愛樂終不疑
假使施得是經法　愛樂道義加精進
行清淨戒除睡臥　逮是三昧終不難
欲獲安穩布經戒　比丘受學在閑居
當行分衛知上足　逮是三昧終不難
捨離衆鬧不受請　口莫貪味棄愛欲
所從聞是經法者　敬如世尊常供事
除去慳貪受是法　斷折婬慾棄愚癡
發起大道心無疑　然後學行是三昧
行無所著捨諸欲　常自謹慎棄恚恨

精進奉行佛法敎　然後受學是三昧
不貪男女及所有　遠離憍慢幷妻妾
居家修道常慚愧　然後學誦是三昧
無賊害心行柔順　不落謗訕捨諸惡
不用色求得法忍　當善誦諷是三昧
若比丘尼學是法　常當恭敬棄憍慢
遠離調戲及貢高　得是三昧不復難
常行精進除睡臥　不許吾我諸人物
愛樂法者不惜命　然後學誦是三昧
制婬姪意捨所著　無瞋恚心棄諛諂
終不復隨魔羅網　持是三昧得如是
於諸衆生行平等　除去放逸衆塵埃
性無卒暴及麤言　然後學誦是三昧
於鉢震越及衣服　不得須臾有貪愛
尊敬善師視如佛　然後學誦是三昧
以逮善利離惡道　一心信樂佛法敎
遠離一切八難處　持是經者得如是

擁護品 卷八

颰陀和菩薩羅隣那竭菩薩 憍日兜菩薩 那羅達菩薩 須深菩薩 摩訶須薩和菩薩 因坻達菩薩 和輪調菩薩 見佛所說 是八菩薩皆大歡喜 持五百劫波育錦衣 持珍寶布施 持身自歸供養佛 佛語阿難 是颰陀和等 於五百菩薩人中之師 常持中正法合會隨順教莫不歡喜者 歡樂心 隨時心 清淨心 却欲心 是時五百人皆叉手立佛前 颰陀和菩薩白佛言 菩薩持幾事得是三昧 天中天 佛言 菩薩有四事疾得是三昧 何等為四 一者不信餘道 二者斷愛欲 三者如法行 四者無所貪生 是為四 菩薩疾得是三昧 佛告颰陀和 若有菩薩學是三昧者若持若誦若守 今世即自得五百功德 譬如颰陀和 慈心比丘 終不中毒 終不中兵 火不能燒 入水不死 帝王不能得其便 如是菩薩守是三昧者 終不中毒 終不中兵 終不為火所燒 終不為水所沒 終不為帝王得其便 譬如颰陀和 劫盡壞燒時 持是三昧菩薩者 正使墮是火中火即為滅 譬如大嬰水滅小火 佛告颰陀和 我所語無有異 是菩薩持是三昧者 若帝王若賊若水若

火 若龍若蛇 若閱叉鬼神 若猛獸若大蟒若蛟龍 若師子若虎 若狼若狗 若人若非人 若犳若猨若薛荔 若鳩洹鬼神 若欲嬈人 若欲殺人 若欲害人鉢震越若壞人禪奪人念 設欲中是菩薩者終不能中 佛言 如我所語無有異除其宿命所請 其餘無有能中者 佛言 我所語無有異 若有菩薩持是三昧者 終不病目 若耳鼻口 身體無病 其心終不憂終不厄 是菩薩 若死若近死 設有是患者 佛語爲有異 除其宿命所作 復次颰陀和 是菩薩諸天皆稱譽 諸龍皆稱譽 諸閱叉鬼神皆稱譽 諸阿須輪皆稱譽 迦留羅鬼神 眞陀羅鬼神 摩睺勒鬼神 若人非人皆稱譽是菩薩 諸佛天中天 皆稱譽是菩薩 復次颰陀和 是菩薩爲諸天所護 爲諸龍所護 四天王 釋提桓因 梵三鉢天 皆護是菩薩 閱叉鬼神 乾陀羅鬼神 阿須倫鬼神 迦留羅鬼神 眞陀羅鬼神 摩睺勒鬼神 若人非人 皆共擁護是菩薩 諸佛天中天 皆共擁護是菩薩 復次颰陀和 是菩薩爲諸天所敬愛 諸龍閱叉鬼神 阿須倫鬼神 迦留羅鬼神 眞陀羅鬼神 摩睺勒鬼神 若人非人 皆共敬愛是菩薩諸佛天中天 皆無有愛欲 以道德故皆復敬愛是菩薩 復次颰陀和 是菩薩諸天皆欲

見之 諸龍閱叉鬼神 乾陀羅鬼神 阿須倫鬼神 迦留羅鬼神 眞陀羅鬼神 若人非人 皆思樂欲見是菩薩 諸佛天中天 皆各各使是菩薩往到其所 用人民故欲使往 復次颷陀和 是菩薩諸天皆共至其所 諸龍閱叉鬼神 乾陀羅鬼神 阿須倫鬼神 眞陀羅鬼神 摩睺勒鬼神 若人非人 皆來至是菩薩所與共相見諸佛天中天 菩薩不但晝日見 夜於夢中若見諸佛身 若諸佛各各自說其名字 復次颷陀和 是菩薩所未誦經 前所不聞經卷 是菩薩持是三昧威神 夢中悉自得其經卷名 各各悉見悉聞經聲 若晝日不得者 若夜於夢中悉見得 佛告颷陀和 若一劫 若復過一劫 我說是菩薩 持是三昧者 說其功德不可盡竟 何況力求得是三昧者 佛爾時頌偈言

若有菩薩學誦是　佛說三昧寂靜義
假使欲嘆其功德　譬如恒邊減一沙
刀刃矛戟不中傷　盜賊怨家無能害
國王大臣喜悅向　學此三昧得如是
蚖蛇含毒誠可畏　見彼行者毒疾除
不復瞋恚吐惡氣　誦是三昧得如是

怨讐嫌隙莫能當　天龍鬼神眞陀羅
覩其威光皆嘿然　學此三昧得如是
山野弊狼及大蟒　師子猛虎鹿猨獲
無傷害心攝藏毒　悉來親護是行者
弊惡鬼神將人魂　諸天人民懷害心
感其威神自然伏　學此三昧得如是
其人不病無苦痛　耳目聰明無闇塞
言辭辯慧有殊傑　行三昧者速逮是
其人終不墮地獄　離餓鬼道及畜生
世世所生識宿命　學此三昧得如是
鬼神乾陀共擁護　諸天人民亦如是
幷阿須倫摩睺勒　行此三昧得如是
諸天悉共頌其德　天人龍鬼眞陀羅
諸佛嗟嘆令如願　諷誦說經爲人故
其人道意不退轉　法慧之義而無盡
姿顏美艶無與等　誦習此經開化人
國國相伐民荒亂　飢饉荐臻懷苦窮
終不於中夭其命　能誦此經化人者
勇猛降伏諸魔事　心無所畏毛不堅

其功德行不可議　行此三昧得如是
妖蠱幻化及符書　穢濁邪道不正行
終無有能中其身　用愛樂法達本故
一切悉共歌其德　具足空慧佛尊者
然後當來最末世　手得是經得如是
常行精進懷喜踴　同心和悅奉此法
受持經卷講諷誦　今我以是爲彼說

羼羅耶佛品 第九

佛告颰陀和　乃往昔時　不可計阿僧祇劫　爾時有菩薩名羼羅耶佛怛薩阿竭阿羅訶三耶三佛　於世間極尊　安定於世間　於經中大明　天上天下號曰天中天　爾時有長者子　名須達　與二萬人俱　來至羼羅耶佛所　爲佛作禮却坐一面　須達長者子問羼羅耶佛是三昧　羼羅耶佛知須達長者子心所念　便爲說是三昧　須達長者子聞是三昧已大歡喜　卽悉諷受得作沙門　求是三昧八萬歲　時長者子須達　從佛聞經甚衆多　悉從無央數佛聞經　其智慧甚高明　長者子須達　其後壽終生忉利天上　以後復從天上來下生世間　爾時故劫中復有佛　名術闍波提怛薩阿竭阿羅呵三耶三佛　時佛在刹利家生　爾時長者子須達　復於佛所聞是三昧復求之　時長者子須達其後復於故劫中復有佛　名賴毘羅耶怛薩阿竭阿羅呵三耶三佛　婆羅門種　時長者子須達　復於佛所受是三昧　求守八萬四千歲　佛告颰陀和　長者子須達　却後八萬劫得作佛　名提和竭羅　爾時長者子須達　爲人高明勇猛智慧甚廣　佛言　見是三昧不　颰陀和　饒益乃爾

使人成就得佛道　若有菩薩得是三昧者當學誦當持當教人當守　如是者得佛不久　若曹知不　颰陀和　是三昧者是菩薩眼　諸菩薩母　諸菩薩所歸仰　諸菩薩所出生若持不　颰陀和　是三昧者破去於冥　明於天上天下　若知不　颰陀和　是菩薩三昧者　是諸佛之藏　諸佛之地是珍寶淵海之泉　是無量功德之鎮盆　明哲之經　當作是知三昧所出　如是從是中出佛　聞經正立於四意止中何等為四意止中　一者自觀身　觀他人身　自觀身觀他人身者　本無身　二者自觀痛痒觀他人痛痒　自觀痛痒觀他人痛痒者本無痛痒　三者自觀意觀他人意　自觀意觀他人意者　本務意　四者自觀法觀他人法　自觀法觀他人法者　本無法　佛告颰陀和　是三昧誰當信者　獨怛薩阿竭阿羅呵三耶三佛　阿惟越致　阿羅漢　乃信之耳有愚癡迷惑心者離是現在佛前立三昧遠　何以故　是法當念佛當見佛　佛告颰陀和　是菩薩當念佛當見佛當聞經　不當有著　何以故　佛本無是法無所因　何以故　本空無所有　各各行法念　是法中無所取　是法無所著　如空等甚清淨　是法人所想　了無所有　無所有　是法假所因者空寂耳如泥洹　是法無所有本無是法無所從來　亦

無所從去 人本無 是法不著者近 有著者遠 佛告颰陀和 若有守是三昧者 因想入無想中 見佛念佛 守覺聞經念法 守覺不得念我 不得著法 何以故 有守覺 颰陀和有守覺不見佛 有所著如毛髮不得法 施他人有所悕望爲小施 持戒有所悕望爲不淨 貪於法不得泥洹 於經中有諛諂 不得爲高明 樂於衆會中 喜於餘道 終不能得一行 於欲中念難 有瞋恚不能忍辱 有所憎惡不得說他人 善求阿羅漢道者 不得於是見 現在佛前立三昧中不逮 無所從來 生法樂於中立 有所著不得空 菩薩終不得慳貪 有懈怠不得道 有婬妷不得觀 有所念不入三昧 佛爾時誦偈言

是等功德不可計 奉戒具足無瑕穢
其心清淨難垢塵 行此三昧得如是
設有持是三昧者 智慧普大無央減
博達衆義常不忘 功德之行如月明
設有持是三昧者 解了覺意不可識
曉知無量之道法 無數諸天護其德
設有持是三昧者 常自面見無數佛

聞無量佛講說法　輒能受持念普行
設有持是三昧者　惡罪勲苦皆滅除
諸佛於世行愍哀　悉共嗟嘆是菩薩
假使菩薩欲覩觀　當來無數佛世尊
一心踊躍住正法　當學諷誦是三昧
設有持是三昧者　其功德福不可議
逮得人身最第一　出家超異行分衛
若有末後得是經　逮功德利最第一
得其福祐不可限　住是三昧得如是

般舟三昧經 卷中 綜

般舟三昧經
卷下
後漢月氏國 三藏 支婁迦讖 漢譯

請佛品 第十

颰陀和菩薩政衣服 長跪叉手白佛言 我欲請佛及比丘僧 明日於舍貪 願佛哀受請 佛及比丘僧默然悉受請 颰陀和菩薩知佛已受請 起至摩訶波喩提比丘尼 白比丘尼言 願受我請 明日與比丘尼俱 於舍小飯 摩訶波喩提比丘尼即受請 颰陀和菩薩 於羅隣那竭菩薩 舍第諸那國其有親來人 悉請會佛所 羅隣那竭菩薩前至佛所 爲佛作禮 長跪叉手白佛言 我兄請佛 所有親來人 悉欲請於舍食 願哀受之 颰陀和菩薩 羅隣那竭菩薩 憍日兜菩薩 那羅達菩薩 須深菩薩 摩訶須薩和菩薩 因坻達菩薩 和輪調菩薩 悉與宗親俱 前以頭面著佛足 及爲比丘僧作禮 作禮已 竟從佛所去 歸到羅閱祇國 至颰陀和菩薩家 共相佐助作諸飯具 四天王 釋

提桓因　梵三鉢　皆共疾來　佐助颰陀和菩薩作衆飯具　爾時颰陀和菩薩　宗親共莊嚴羅閱祇國　持若干種雜繒帳　覆一國中　其街巷市里皆懸繒帳舉一國中悉散華燒香　作百種味飯具用佛故　比丘僧比丘尼　優婆塞優婆夷　及諸貧窮乞匃者　其飯具適等　何以故不有偏施於人民及蜎飛蠕動之類悉平等　颰陀和與八菩薩　與諸宗親　以飯時俱往詣佛前　以頭面著佛足　却白佛言　飯食具以辦　願佛加行　時佛與比丘僧　皆著衣持鉢　俱詣來會者　皆隨行佛入羅閱祇國中　到颰陀和菩薩家　颰陀和菩薩作是念　今佛威神故　令我舍極廣大　悉作琉璃表裏悉相見　城外悉見我舍中　我舍中悉見城外　佛卽知颰陀和心所念　佛便放威神令颰陀和舍極廣大　舉一國中人民　悉見於舍中　佛前立颰陀和菩薩家坐　比丘僧比丘尼　優婆塞優婆夷　各各異部悉坐於舍中　颰陀和菩薩見佛比丘僧坐已　自供養佛比丘僧　若干百種飯手自斟酌　佛及比丘比丘尼　優婆塞優婆夷　皆已乃飯諸貧窮者悉等與　悉各平足　皆持佛威神恩使之足　颰陀和菩薩　見佛諸弟子悉飯已　前行澡水　畢竟持一小机　於佛前坐聽經　爲颰陀和菩薩及四輩弟子說經　莫

不歡喜者 莫不樂聞者 莫不欲聞者 佛以經請比丘僧及諸弟子 佛起與比丘僧俱去 颰陀和菩薩飯已 與宗親俱 出羅閱祇國到佛所 前為佛作禮 皆却坐一面 及羅隣那竭菩薩 橋日兜菩薩 那羅達菩薩 須深菩薩 摩訶須薩和菩薩 因坻達菩薩 和倫調菩薩 颰陀和菩薩 見人眾皆安坐已前問佛 菩薩用幾事得見現在佛悉在前立三昧 佛告颰陀和菩薩 菩薩有五事 疾得見現在佛悉在前立三昧 學持諦行心不轉 何等為五 一者樂於深經無有盡時不可得極 悉脫於眾災變去 以脫諸垢中以去冥入明 諸朦朧悉消盡 佛告颰陀和 是菩薩逮得無所從來生法樂 逮得是三昧 復次颰陀和 不復樂所向生 是為二不復樂喜於餘道 是為三 不復樂於愛欲中 是為四 自守行無有極 是為五 菩薩復有五事疾得是三昧 何等為五 一者布施心不得悔 無所貪 無所惜 從是不得有所希望 施人已後不復恨 復次颰陀和 菩薩持經布施 為他人說經 所語者安諦 無有疑無所愛惜 說佛深語身自行立是中 復次颰陀和 菩薩不嫉妒 所作無有疑 却睡臥 却五所欲 不自說身善 亦不說他人惡 若有罵者 若有刑者 亦不得恚 亦不得恨

亦不得懈 何以故 入空行故 復次颰陀和 菩薩是三昧
自學復教他人 書是經著好疋素上使久在 復次颰陀和
菩薩所信樂 敬長老及知識 於新學人 若得所施 當念
報恩 常有識信 受人小施念報大 何況於多者 菩薩常
樂重於經 棄捐無反復之意 常念有反復 如是者得三
昧疾 佛爾時頌偈言

常愛樂法在深解　於諸習欲不貪生
遊步五道無所著　如是行者得三昧
好喜布施不想報　所惠無著不追念
所與不見有受者　唯欲得解佛深慧
愍傷衆生行布施　其心喜踊不悔恨
常立布施及戒忍　精進一心智慧事
具足六度攝一切　慈悲喜護四等心
善權方便濟衆生　如是行者得三昧
若有興施除慳貪　其心歡踊而授與
既施之後恒欣喜　如是行者得三昧
曉知經法分別句　聞深要義佛所教
講說微妙道德化　如是行者得三昧

其人學誦是三昧　具足解慧爲人說
今次經法得永存　如是行者得三昧
常不秘奧佛經法　不望供養乃爲講
唯求安隱佛道地　如是行者得三昧
除去所著棄諸蓋　損去貢高及慢大
不自稱譽說彼短　終不復起吾我想
其有寂定意不起　便能解是道定慧
棄捐諛諂心清淨　用是速逮不起忍
常行至誠無綺飾　其願具足無缺減
殖衆正德無邪行　愛樂法者得道疾
所誦習經常不忘　常護禁戒清淨行
如是行者得佛疾　何況奉是寂三昧

佛告颰陀和菩薩　往昔無數劫　提和竭羅佛時　我於提和竭羅佛所　聞是三昧卽受持是三昧　見十方無央數佛悉從聞經悉受持　爾時諸佛悉語我言　却後無央數劫汝當作佛名釋迦文　佛告颰陀和菩薩　我故語汝　今自致作佛　是三昧若曹當學　爲知內法第一衆所不能及出家想去　其有於是三昧中立者　念得佛道　佛爾時頌

偈言

憶念我昔定光佛　於時逮得是三昧
即見十方無數佛　聞說尊法深妙義
譬有德人行採寶　所望如願輒得之
菩薩大士亦如是　經中求寶即得佛

颰陀和菩薩白佛　當云何守是三昧　天中天　佛告颰陀和菩薩　色不當著　不當有所向生　當行空　是三昧當守　何等為三昧　當隨是法行　復次颰陀和　菩薩自觀身無身　亦無所觀　亦無所見　亦無所著　本亦無所盲所聾　如經中法　視住亦無所見　亦無所著　無所著為守道者　於法中無所疑　不疑者為見佛　見佛者為疑斷　諸法無所從來生　何以故　菩薩有法疑想　便為著　何等為著　有人有壽命　有德有陰有人有對有想有根有欲　是為著　何以故　菩薩見諸法無所著　是法亦不念亦不見　何等為不見　譬如愚人學餘道自用　有人為有身　菩薩不作是見　菩薩何等為見　譬如怛薩阿竭阿羅訶三耶三佛阿惟越致　辟支佛　阿羅漢所見　不喜不憂　菩薩如是見

亦不喜亦不憂　守是三昧者　亦不喜亦不憂　譬如虛空無色無想　清淨無瑕穢　菩薩見諸法如是　眼無所罣礙見諸法　用是故見諸佛　見諸佛如以明月珠　持著琉璃上　如日初出時　如月十五日在衆星中央時　如遮迦越王與諸君臣相隨時　如忉利天王釋提桓因在諸天中央時如梵天王在衆梵天中央最高坐　如炬火在高山頂燒　如醫王持藥行愈人病　如師子出獨步　如衆野鴈飛行虛空中前有導　如冬月高山上積雪四面皆見　如天地大界金剛山却臭穢　如下水持地　如豊持水　諸穢濁悉清淨如虛空等　如須彌山上忉利天爲莊嚴　諸佛如是　佛持戒　佛威神佛功德　無央數國土悉極明　是菩薩見十方佛如是　聞經悉守得佛爾時頌偈言

　　佛無垢穢離塵勞　功德衆竟無所著
　　尊大神通妙音聲　法鼓導義喩諸音
　　覺天中天脫諸慧　種種香火以供養
　　以無數德奉舍利　幡蓋雜香求三昧
　　聞法普妙學具足　遠離顚倒喩滅度
　　終不想著漁空法　當志解妙無礙慧

清淨如月日出光　譬如梵天立本宮
常清淨心念世尊　意無所著不相空
譬如冬月高山雪　若如國王人中尊
摩尼清淨超衆寶　觀佛相好當如是
如鴈王飛前有導　虛空清淨無穢亂
紫磨金色佛如是　佛子念此供養尊
去諸幽冥除暗愚　卽悉速逮淨三昧
捐捨一切諸想求　無垢穢行得定意
無有塵勞釋垢穢　棄去瞋恚無愚癡
其目清淨自然明　念佛功德無罣礙
思佛世尊清淨戒　心無所著不相求
不見吾我及所有　亦不起在諸色相
捨離生死無衆見　棄捨貢高慧清淨
遠除憍慢不自大　聞寂三昧離私見
其有比丘佛子孫　信比丘尼清信士
除去貪欲清信女　念精進學得是法

無想品 第十一

佛告颰陀和菩薩 若有菩薩 欲學是三昧疾得是 當先斷色思想 當棄自貢高 已斷思想 已不自貢高 已却當學是三昧 不當諍 何等爲諍 誹謗於空是故不當共諍 不當誹謗空 却誦是三昧 佛告颰陀和 若有菩薩學誦是三昧者 有十事於其中立 何等爲十 一者其有他人若餽遺鉢震越衣服者不嫉妬 二者悉當愛敬人孝順於長老 三者當有反復念報恩 四者不妄語遠離非法 五者當行乞食不受請 六者當精進經行 七者晝夜不得臥出 八者常欲布施天上天下無所惜終不悔 九者深入慧中無所著 十者先當敬事善師視如佛 乃當却誦是三昧 是爲十事 當如法 作是行者便得八事 何等爲八事 一者於戒淸淨至究竟 二者不與餘道從事 出入智慧中 三者於智慧中淸淨 無所復貪生 四者眼淸淨 不復欲生死 五者高明無所著 六者淸淨於精進自致得佛 七者若有人供養者不用故喜 八者正在阿耨多羅三藐三菩提不復動 是爲八事 佛爾時頌偈言

有點慧者不起想　棄捐貢高及自大
常行忍辱無麤漏　爾乃爲學是三昧
智者心明不諍空　無想寂定是滅度
不誹謗法莫諍佛　如是行者得三昧
明者於是無憍慢　常念佛恩及法師
堅住淨信志不動　爾時爲學是三昧
心不懷嫉遠窈冥　不起狐疑常有信
當行精進不懈怠　如是行者得三昧
比丘學是常分衛　不行就請及聚會
心無所著不蓄積　如是行者得三昧
設使手得斯法敎　及持奉行此經卷
已具足意得如佛　然後學誦是三昧
住是至德行誠信　設有學誦是三昧
速逮疾得是八法　清淨無垢諸佛敎
其清淨戒有究竟　三昧無瑕得等見
以爲空淨於生死　住於是法得具足
智慧清淨無有餘　無穢行者亦不著
博聞探智捨唐捐　得行如是爲點慧
志精進者無所失　於供養利易不貪

疾得無上成佛道　學如是德爲明智

十八不共十種力品 第十一

佛言 得是上八事者 便獲佛十八事 何等爲十八事 一者用某日得佛 用某日般泥洹 從初得佛日 至般泥洹日佛無難 二者無短 三者無忘 四者無不定時 五者終無生法想言我所 六者無有不能忍時 七者無有不樂時 八者無有不精進時 九者無有不念時 十者無有不三昧時 十一者無有不知時 十二者無有不脫見慧時 十三者過去無央數世事無有能止佛無所罣礙所見慧時 十四者當來無央數世事無有能止佛無所罣礙所見慧時 十五者今現在十方無央數世事無有能止佛無所罣礙所見慧時 十六者身所行事智慧 是本常與智慧俱 十七者口所言事智慧 是本常與智慧俱 十八者心所念事智慧 是本常與智慧俱 是爲佛十八事 佛告颰陀和 若有菩薩無所復著 求法悉護學是三昧者有十法護 何等爲十法護 佛十種力 何等爲十種力 一者有限無限悉知 二者過去當來今現在本末悉知 三者棄脫定清淨悉知 四者諸根精進種種各異所念悉知 五者種種所信悉知 六者若干鍾變無央數事悉知 七者悉曉悉了悉知 八者

眼所視無所罣礙悉知 九者本末無極悉知 十者過去當
來今現在失平等無所適著 佛告颰陀和 若有菩薩無所
從生法悉護 是菩薩得佛十種力 佛爾時頌偈言

　十八不共正覺法　世尊之力現有十
　設使奉行是三昧　疾速逮此終不久

勸助品 第十三

佛告颰陀和　是菩薩持有四事　於是三昧中助其歡喜　過去佛時持是三昧助歡喜　學是經者自致阿耨多羅三耶三菩阿惟三佛　其智悉具足　我助歡喜如是　復次颰陀和　當來諸佛　求菩薩道者　於是三昧中助歡喜　學是三昧者自致阿耨多羅三耶三菩阿惟三佛　其智悉具足　其皆助歡喜如是　復次颰陀和　今現在十方無央數佛本求菩薩道時　於是三昧中者助歡喜　學是三昧者　自致阿耨多羅三耶三菩阿惟三佛　其智悉具足　其皆助歡喜福　令其與十方人民　及蜎飛蠕動之類　共得阿耨多羅三耶三菩阿惟三佛　持是三昧助歡喜㓛德令其疾得是三昧　作阿耨多羅三耶三菩阿惟三佛得不久　佛告颰陀和　是菩薩功德　於是三昧中四事助歡喜　我於是中說少所譬喻　譬如人壽百歲隨地行　至百歲無有休息時其人行使過疾風　周匝四方上下　云何颰陀和　寧有能計其道里者不　颰陀和言　無有能計其道理者　天中天獨佛弟子舍利弗羅阿惟越致菩薩　乃能計之耳　佛告颰陀和　我故語諸菩薩　若有善男子善女人　取是四方上

下諸國土 其人所行處 滿中珍寶布施與佛 不知聞是三昧 若有菩薩聞是三昧 於是四事中助歡喜 其福出過布施佛者 百倍千倍萬倍億倍 若見不䫻陀和 是菩薩助歡喜 其福寧多不 用是故當知之 是菩薩助歡喜 其福甚尊大 佛爾時頌偈言

於是經教中 持有四事歡
過去及當來 現在諸世尊
勸助功德行 度脫諸十方
蜎飛之蠕動 悉逮平等覺
譬如此周匝 四方及上下
人生行百歲 盡壽行不息
欲有計道理 其數難度量
獨佛弟子知 不退轉菩薩
滿中珍寶施 不如聞是法
四事之勸助 其福出彼上
䫻陀且觀是 四事之歡喜
布施億萬倍 不與勸化等

師子意佛品 第十四

佛爾時故颰陀和 乃去久遠世時 其劫阿僧祇不可計不可數不可量不可極阿僧祇 乃爾時有佛 名私訶摩提怛薩阿竭羅摩訶三耶三佛 其威神無有與等者 安穩於世間 於經中之尊 天上天下 號曰天中天 於是國土空閑之處 是閻浮利國土豊熟人民熾盛樂 是時閻浮利內廣縱十八萬拘利那術蹞旬 是時閻浮利內 凡有六百四十萬國 爾時閻浮利有大國名跋登加 其國中有六十漁人 私訶摩提佛在是國中 有遮迦越王名惟斯芩王 往到私訶摩提佛所 爲佛作禮却坐一面 時私訶摩提佛卽知其王心所念 便爲說是三昧 其王聞是三昧助歡喜 卽時珍寶散佛上 其心卽念 持是功德令十方人民皆安隱 時私訶摩提佛般泥洹後 惟斯芩遮迦越王 其壽終已後 還生王家作太子 名梵摩達 爾時閻浮提有比丘高明名珍寶 是時爲四部弟子 比丘比丘尼優婆塞優婆夷 說是三昧 梵摩達太子 聞是三昧助歡喜心 踊躍樂喜聞是經 持珍寶置百億 散是比丘上 復持好衣供養之 以發意求佛道 時與千人俱 於是比丘所剃頭髮作

沙門　即於是比丘所從索學是三昧　與千比丘共　承事師八千歲不休懈前後一反得聞是三昧　是比丘輩聞是三昧四事　助歡喜入高明之智　持是助歡喜功德　却後更見六萬八千佛　輒於一一佛所聞是三昧　自守學復教他人學　其人持是助歡喜功德　其後得作佛　名坻羅惟是逮怛薩阿竭阿羅訶三耶三佛　時是千比丘　從得阿耨多羅三藐三菩阿惟三佛　皆名坻羅首羅鬱沈怛薩阿竭阿羅訶三耶三佛　教不可計人民皆求佛道　佛告颰陀和何人聞是三昧不助歡喜者　何人不學者　何人不為他人說者　何人不守者　佛告颰陀和　若有菩薩　守是三昧者疾逮得佛　颰陀和　若有菩薩在四十里外·聞有持三昧者菩薩聞之便當行求往到其所　但得聞知有是三昧常當求之　何況乃得聞學者　若去百里者若遠四千里　聞有持是三昧者　當行學到其所　但得聞知　何況乃得聞學者　佛言　去人遠者常當自行求　何況去人十里二十里　聞有持是三昧者　不行求學　颰陀和　若有菩薩　聞是三昧欲行至彼　聞求是三昧者　當承事其師十歲百歲悉具足供養占視是菩薩不得自用　當隨其師教　常當念師恩　佛言　我故相為說之　若菩薩聞有是三昧處去四

千里者 欲往到其所 設不得是三昧者 佛言 我告若曹其人用精進行求故 終不復失佛道 會自致作佛見不颰陀和 菩薩聞是三昧念欲求不離 其得利甚尊 佛爾時頌偈言

我念過去有如來　人中尊號私訶末
爾時有王典主人　至於彼佛聞三昧
至意詰慧聽此經　心悅無量奉持法
卽以珍寶散其上　供師子意人中尊
心念如是而歎言　我身於此當來世
奉行佛敎不敢缺　亦當逮得是三昧
用是福願壽終後　輒復來還生王家
爾時見尊大比丘　號曰珍寶智博達
應時從聞是三昧　踊躍歡喜卽受持
供以好物若千億　珍寶妙衣用道故
卽與千人除鬚髮　來志樂求是三昧
同時具足八千歲　常隨比丘不捨離
一反得聞不復二　是三昧者譬如海
執持經卷諷誦說　其所生處聞三昧

用積累是功德故　當見諸佛大神通
其所具足八萬歲　所見諸佛輒供養
曾值諸佛六萬億　加復供養六千尊
聞所說法大歡喜　然後得見師子佛
蒙此功德生王家　見佛號曰堅精進
化無數億諸人民　度脫一切生死惱
諷誦學是法以後　便復見佛名堅勇
天上世間誦其稱　聞三昧聲得作佛
何況受持誦說者　於眾生界無所著
廣宣分流是三昧　未曾疑忘於佛道
此三昧經眞佛語　設聞遠方有是經
用道法故往聽受　一心諷誦不忘捨
假使往來求得聞　其功德福不可盡
無能稱量其德義　何況聞已卽受持
設有欲求是三昧　當念往時彼梵達
教習奉行莫退轉　比丘得經當如時

至誠佛品 第十五

佛言 迺往昔時復有佛 名薩遮那摩恒薩阿竭阿羅訶三耶三佛 時有比丘名和輪 其佛般泥洹後 是比丘持三昧 我爾時作國王刹利種 於夢中聞是三昧 覺已便行求持是三昧 比丘即從作沙門 欲得於是比丘所一反聞是三昧 承事師三萬六千歲 魔事數數起不得一反聞 佛告比丘比丘尼優婆塞優婆夷 我故語若曹 若曹當疾取是三昧無得忘失 善承事其師持是三昧 至一劫若百劫若千劫莫得有懈倦趣當得是三昧 守善師不離 若飲食資用衣被床臥 千萬珍寶以用上師 供養於師無所愛惜 設無有者當行乞食給師 趣當得是三昧莫厭 佛言置是所供養者 此不足言耳 當當自割其朋供養於善師 常不愛惜身 何況其餘 當承事善師如奴事大夫 求是三昧者當知是 得是三昧已當堅持 常當念師恩 佛言是三昧難得值 正使求是三昧至百億劫 但欲得聞其名聲不能得聞 何況得學者 轉復行教人 正使如恒邊沙佛刹 滿其中珍寶持用布施 其福德寧多復 不如書是三昧持經卷者 其福極不可計 佛爾是頌偈言

我自識念往世是　其數具足六萬歲
常隨法師不捨離　初不得聞是三昧
有佛號曰其至誠　時知比丘名和輪
彼佛世尊泥曰後　比丘常持是三昧
我是爲王君子種　夢中逮聞是三昧
和輪比丘有斯經　王當從受此定意
從夢覺已卽往求　輒見比丘持三昧
卽除鬚髮作沙門　學八千歲一時聞
其數具足八萬歲　供養奉事此比丘
時魔因緣數興起　初未曾得一反聞
是故比丘比丘尼　及清信士清信女
持是經法囑汝等　聞是三昧疾受行
常敬習持是法師　具足一切無得懈
勿難千億用道故　當得聞是法三昧
衣服床臥若千億　比丘家家行乞食
以用供養於法師　精進如是得三昧
燈火飲食所當得　金銀珍寶供養具
尚當自割其肌肉　以用供養況飲食
明者得法疾持行　受學經卷有反復

是三昧者難得值　億那術劫常當求
所周善處聞是法　當普宣視諸學者
假使億千那術劫　求是三昧難得聞
設令世界如恒沙　滿重珍寶用布施
若有受是一偈說　敬誦功德過於彼

佛印品 第十六

佛於是語颰陀和 若有菩薩聞是三昧 聞者當助歡喜當學 得學者持佛威神使得學 當好書是三昧着素上 當得佛印印當善供養 何等爲佛印 所識不當行 無所貪 無所求 無所想 無所著 無所願 無所向生 無所適 無所生 無所有 無所取 無所顧 無所往 無所礙 無所有 無所結 所有盡 所欲盡 無所從生 無所滅 無所壞 無所敗 道要道本是印中 阿羅漢辟支佛 不能壞不能敗不能缺 愚癡者便疑是印 是印是爲佛印 佛言 今我說是三昧 時千八百億諸天阿須輪鬼神龍人民 皆得須陀恒道 八百比丘皆得阿羅漢道 五百比丘尼皆得阿羅漢道 萬菩薩皆逮得是三昧 皆逮得無所從生法樂 於中立 萬二千菩薩復遠 佛語舍利弗羅摩目犍連 比丘阿難 颰陀和菩薩 羅隣那竭菩薩 憍日兜菩薩 那羅達菩薩 須深菩薩 摩訶須薩和菩薩 因坻達菩薩 和輪調菩薩 佛言 我從無央數劫求佛道以來 今以得作佛 持是經囑累若曹 學誦持守無得忘失 若有颰陀和菩薩 學是三昧者 當具足安諦學 其欲聞者當具聞 爲他人說

者當具說　佛說經已　颰陀和菩薩等　舍利弗羅摩目犍連　比丘阿難等　諸天阿須輪龍鬼神人民　皆大歡喜　前爲佛作禮而去

般舟三昧經　卷下　終

《반주삼매경》 연구

1. 『반주삼매경』의 전역사(傳譯史)

이 경전의 성립은 기원전 1세기 경으로 보고 있으며, 정토계 경전 가운데서도 초기에 편찬되었다. 그러나 『반주삼매경』의 산스크리트본은 산질되어 현재까지는 보이지 않고 있다. 범어명은 『Pratyutpanna - buddha - saṃmukhavasthita - samādhi - sūtra』(十方現在佛悉在前立定經)이라고 한다. 漢譯으로는 『開元釋敎錄』권14에 의하면 7譯이 있었으나 4譯은 산실되고 3譯만 전한다고 한다.(大正藏55, 627,下) 그러나 현재는 다음과 같이 4譯이 전하고 있다.

(1) 『般舟三昧經』 三卷 16품 後漢 光和 2年(179) 支婁迦讖譯 (大正藏13, 902), (高麗藏7, 925), (한글장, 未曾有正法經에 포함되어 있음), (國譯一切經, 大-4)

(2) 『佛說般舟三昧經』 一卷 8품 後漢 光和2年(179) 支婁迦讖譯 (大正藏13, 897)

(3) 『拔陂菩薩經』 一卷 符秦以前의 古譯 譯者不詳 (大正藏13, 920)

(4) 『大方等大集經賢護分』(大集經所收) 五卷 隋, 闍那崛多(559-600)譯 (大正藏13, 872)

이 중에서 가장 오래된 것은 『拔陂菩薩經』으로 보이고, 다음으로 一卷本과 三卷本으로 추정되며, 『開元釋敎錄』에 의하면 竺佛朔譯의 三卷본도 있었다고 하지만 지금은 산실되었다. 그런데 현존하는 三卷本이 支婁迦讖과 竺佛朔의 共譯으로 보는 견해도 있다.(坪井俊映・韓普光 譯, 『淨土敎槪論』 홍법원, p.59 참조)

마지막으로 변역된 것이 『대집경』에 수록된 사나굴다의 『大集經賢護分』으로 보여 진다. 그런데 廬山 慧遠이나 天台智顗의 정토교 형서에 크게 영향을 미친 것은 三卷本이며, 善導의 『般舟讚』1권도 있으며, 신라의 元曉도 삼권본을 중심으로 『般舟三昧經略記』를 저술한 것으로 보여 진다. 따라서 중국, 한국, 일본 등 대승불교권에서는 일찍부터 주로 삼권본이 널리 유포되었다고 생각된다.

티벳본으로는 『影印北京版西藏大藏經』제32권 No 801에 『ḥphags pa da ltar gyi saṅs rgyas mṅon sum du bẑugs paḥi tiṅ ṅe ḥdzin ces bya ba theg pa chen poḥi mdo』라고 하여 26品으로 되어 있는데 이를 우리말로 번역하면 『성스러운 현재의 부처님이 머무르는 삼매의 대승경전』이 된다.

이를 英譯한 것으로는 Paul Harrison의 『An Annotated English Translation of the Tibetan Version of the Pratyutpanna Buddha Saṃmukh avasthita Samādhi Sūtra』 (Tokyo, The International Institute for Buddhist Studies, 1990) 있다.

그리고 일본어 역으로는 하야시 순교(林 純敎)의 『藏文和譯 般舟三昧經』26品 (東京 大東出版社, 1994)이 있다.

國譯으로는 한글대장경 『未曾有正法經|』(동국역경원, 1998. 2)에 포함되어 있으며, 단행본으로는 韓普光 譯의 『부처님을 친견하는 삼매경 (般舟三昧經)』(대각출판부, 1998)가 있다.

2. 『반주삼매경』의 개요

본 경전은 3권으로 이루어져 있는데 上卷은 제1 問事品, 제2 行品, 제3 四事品, 제4 譬喩品이며, 中卷은 제5 無着品, 제6 四輩品, 제7 授決品, 제8 擁護品, 제9 羼羅耶品까지이며, 下卷은 제10 諸佛品, 제11 無想品, 제12 十八不共十種力品, 제13 勸助品, 제14 師子意佛品, 제15 至誠佛品, 제16 佛印品으로 구성되어 있다. 여기서 제1 문사품의 "묻고자 하는 바를 바로 물어라. 마땅히 그대를 위하여 설하리라"(한보광 역본, p.11)까지는 序分에 해당되고 "발타화보살이 부처님께 여쭈기를"부터 제15 至誠佛品까지는 正宗分에 속하며, 제16 佛印品은 流通分이라고 할 수 있다.

제1 問事品의 서분은 부처님께서 죽림정사에 계실 때 아라한과를 증득한 대비구 500인과 아난존자, 오계를 수지한 발타화보살을 비롯한 재가보살 500인, 사문 500인, 비구 10만인, 마하파사파제 비구니를 비롯한 3만의 비구니, 그 외 7개국의 보살과 거사들이 데리고 온 2만 8천인, 나열지왕과 아사세왕이 거느린 10만인, 각 천자 수억인, 8대 용왕 등 헤아릴 수 없이 많은 대중이 참석하였다.

이 때 대중을 대표하여 부처님에게 질문을 한 사람은 출가자가 아닌 5계를 수지한 재가거사인 발타화(Badrapāla; 賢護라고 번역)이다. 그는 이 『般舟三昧經』의 주역으로서 많은 질문을 하며, 재가보살로서의 역할을 담당하고 있다. 그러므로 본 경은 출가자 중심이 아닌 재가자를 위주로 하여 설하였지만, 앞에서 언급한 바와 같이 많은 출가자를 비롯한 4부대중이 참여하고 있으므로 출가자들에게도 해당되는 내용이다. 그러나 재가보살에 관한 설명이 더 많은 부분을 차지하고 있다. 따라서 본 경전의 성립은 재가자들이 大衆部를 형성하여 새로운 교단을 만들어 가던 초기대승불교 시대라고 볼 수 있으며, 이점에서 『반주삼매경』을 所依經典으로 삼았던 廬山 慧遠은 白蓮結社를 조직하면서 4부중에 대한 차별을 두지 않고 교단의 운영과 수행에 평등하게 참여시켰다.

발타화보살은 "보살은 어떠한 삼매를 지어야 하는지"에 대한 질문에서부터 "부처님을 면전에서 부처님과 보살님을 우러러 보는 것처럼"(p.22)까지 66가지의 질문을 하고 있다. 이에 대하여 그 명칭을 붙여 보면 다음과 같다.

1) 삼매 짓는 법. 2) 지혜 얻는 법. 3) 우두머리 되는 법. 4) 성불하는 법. 5) 어리석은 곳에 不生하는 법. 6) 부처님 곁을 떠나지 않는 법. 7) 귀한 가문에 태어나는 법. 8) 친척에게 존

경 받는 법. 9) 회의를 잘 진행하는 법. 10) 자만하지 않는 법. 11) 제경전을 통달하는 법. 12) 無執着法. 13) 두려움 없이 경전 설하는 법. 14) 本願功德力과 같은 법. 15) 건강한 몸 받는 법. 16) 五力이 밝아지는 법. 17) 無量質問法. 18) 金剛鑽과 같은 법. 19) 편안을 얻는 법. 20) 부드러운 마음 갖는 법. 21) 몸이 자유로운 법. 22) 번거로움이 없는 법. 23) 마군을 항복시키는 법. 24) 선지식을 친견하는 법. 25) 뜻이 삿되지 않는 법. 26) 대비심을 갖는 법. 27) 바른 믿음을 갖는 법. 28) 不事難法. 29) 五蓋를 없애는 법. 30) 구경을 얻는 법. 31) 훌륭한 스승이 되는 법. 32) 제법에 미치는 법. 33) 일념으로 부처님을 생각하는 법. 34) 자재하게 제불을 보는 법. 35) 자재한 신통력을 얻는 법. 36) 바로 법을 성취하는 법. 37) 幻化와 같은 법. 38) 제불토에 분신이 가는 법. 39) 영상처럼 볼 수 있는 법. 40) 생각이 그림자 같은 법. 41) 망상이 없는 법. 42) 모든 사람이 귀의하는 법. 43) 경전을 바르게 아는 법. 44) 일시에 만 가지를 아는 법. 45) 사자와 같은 법. 46) 제국토에 가르침이 미치는 법. 47) 경전이 없어도 두려워하지 않는 법. 48) 중생의 으뜸이 되는 법. 49) 일체지 얻는 법. 50) 경전 있는 곳을 아는 법. 51) 명성이 가득한 법. 52) 제법문을 분명히 아는 법. 53) 경전을 소중히 여기는 법. 54) 경전의 가르침을 즐거이 행하는 법. 55) 모든 사람을 해탈시키는 법. 56) 不斷佛種子法. 57) 모든 사람을 열반에 들도록 하는 법. 58) 모든 깨달음을 얻는 법. 59) 생사를 아는 법. 60)

경전을 보시하는 법. 61) 모두 앞에 나투시는 법. 62) 無生處를 얻는 법. 63) 諸佛諸國土를 보는 법. 64) 二乘의 눈으로는 볼 수 없는 법. 65) 현세에 제불을 친견하는 법. 66) 항상 부처님과 함께하는 법 등에 대한 질문이다.

이에 대하여 부처님께서는 "일체의 모든 사람들이 평등한 마음으로 언제든지 부처님을 친견하고자 한다면 바로 부처님을 뵐 수 있느니라"고 하면서 "지금 현재에 부처님이 모두 앞에 나투는 삼매(現在佛悉在前立三昧)를 행하는 사람은 모든 질문의 답을 얻는다"라고 하였다. 또한 이는 한 법(一法)만을 지니는 第一行法인 "현재 부처님이 모두 앞에 나투는 삼매"인 現在佛悉在前立三昧를 설하신다.

제2 行品에서는 앞에서 질문한 내용에 대하여 구체적인 실천 수행을 설하고 있다. "일념(定意)이 있으면 일체보살의 높은 행을 얻을 수 있다"라고 하면서 일념에 대하여 66가지로 설명하고 있다. 이는 바로 문사품의 66가지의 질문에 대한 66가지의 답이라고도 할 수 있다. 그리고 이는 염불의 인연에 따라서 부처님을 향하여 염하므로 마음이 어지럽지 않는 것이라고 한다. 즉 일심불란의 염불을 의미한다.

1) 정진을 버리지 않는 것. 2) 空觀을 닦는 것. 3) 잠을 줄이는 것. 4) 모임에 가지 않는 것. 5) 선지식을 가까이 하는 것. 6) 정진을 흐트리지 않는 것. 7) 음식에 만족할 줄 아는 것. 8) 의복을 탐내지 않는 것. 9) 목숨을 아끼지 않는 것.

10) 평등심을 배우는 것. 11) 번뇌를 떨쳐버리는 것. 12) 선정을 닦는 것. 13) 물질(色)에 따르지 않는 것. 14) 오온을 받지 않는 것. 15) 몸이 늙어감을 싫어하지 않는 것. 16) 四大에 매이지 않는 것. 17) 뜻을 버리지 않는 것. 18) 색을 탐하지 않는 것. 19) 시방의 사람을 버리지 않는 것. 20) 시방의 사람을 구제하는 것. 21) 사람을 나의 소유물로 생각하지 않는 것. 22) 空行을 익히는 것. 23) 독경을 하는 것. 24) 선정을 잃지 않는 것. 25) 불법을 의심치 않는 것. 26) 부처님에 대하여 논쟁하지 않는 것. 27) 불법을 버리지 않는 것. 28) 비구승을 산란케 하지 않는 것. 29) 망어를 여의는 것. 30) 덕 있는 사람을 도우는 것. 31) 어리석은 말을 듣지 않는 것. 32) 불법을 즐거이 듣는 것. 33) 六味에 맛들이지 않는 것. 34) 五解脫로 훈습하는 것. 35) 十善을 익히는 것. 36) 八精進行. 37) 八懈怠를 버리는 것. 38) 八方便을 익히는 것. 39) 九思를 익히는 것. 40) 八道家를 염하는 것. 41) 禪法만 듣기를 집착하지 말 것. 42) 자만심을 버릴 것. 43) 설법을 들을 것. 44) 경전의 가르침을 들을 것. 45) 불법 닦기를 원할 것. 46) 세간의 이익을 따르지 말 것. 47) 자신의 몸만을 생각하지 말 것. 48) 홀로 깨달음을 얻기를 원하지 말 것. 49) 목숨에 집착하지 말 것. 50) 번뇌에 끄달리지 말 것. 51) 무위를 구할 것. 51) 오온을 도둑처럼 여길 것. 52) 사대를 뱀처럼 생각할 것. 53) 十二衰를 공한 것으로 생각할 것. 54) 무위를 얻을 것을 잊지 말 것. 55) 탐욕을 바라지 말 것. 56) 생사를 버리기를 원할 것.

57) 사람들과 다투지 말 것. 58) 생사에 떨어지는 것을 바라지 말 것. 59) 믿음으로 의심하지 말 것. 60) 마음에 다름이 없을 것. 61) 三世事에 대한 일을 생각하지 말 것. 62) 항상 제불의 공덕을 염할 것. 63) 부처님께 귀의 할 것. 64) 부처님의 色身의 모습을 따르지 말 것. 65) 천하와 다투지 말 것. 66) 행함에 있어서 다투지 말 것. 등을 설하고 있다.

앞에서 66종의 질문을 하고 여기에 66종의 수행방법을 제시한 후 5종의 果에 대하여 설하고 있다. 즉 1) 空을 요달하면 지혜의 눈이 청정해 진다. 2) 일체가 둘이 아니다. 3) 선지식을 부처님처럼 여긴다. 4) 일체시를 보살과 함께 한다. 5) 법을 따라 행하면 청정한 보살행에 들어간다. 이렇게 되었을 때 現在諸佛悉在前立三昧를 얻는다고 한다. 또 "한 곳에서 계를 온전히 지키면서 머물러 마음을 서방정토 아미타불을 염하면 부처님을 친견할 수 있다"고 한다. 그리고 아미타불에 대한 이야기를 듣고 계를 지키면서 부처님을 일심으로 염하기를 하루나 혹은 칠일 동안 주야로 하면 칠일이 지난 뒤에 부처님을 친견하게 되는데 삼매 중에서 보든지 아니면 꿈속에서라도 친견하게 된다고 한다.

그러면서 아미타불을 친견하는 것에 대하여 꿈으로 비유를 들고 있다. 첫 번째는 꿈속에서 보배를 가지고 즐겁게 노는 비유, 두 번째는 꿈속에서는 時空 초월의 비유, 세 번째는 세 기녀의 비유, 네 번째는 꿈속에서 포식하는 비유, 다섯 번째는 꿈속에서 고향을 방문하는 비유 및 뼈를 관하는 비유와 거울에 비치는 비유 등으로 설명하고 있다.

또 見佛한다는 것은 천안통으로 보지 않고, 천이통으로 듣지 않고, 신족통으로 가지 않으며, 임종 후에 왕생하여 견불하는 것이 아니라 이 사바세계에 앉아서 生前에 見佛하는 것이다. 그러면 삼매 중에 설법을 듣고, 수지하고, 具足體得하고, 爲他人說하게 된다고 한다. 즉 사바세계에서 아미타불을 친견할 수 있는 것은 아미타불에 대하여 듣고 끊임없이 생각하면 그로 인하여 친견하게 된다고 한다.

왕생하는 방법에 대해서는 견불하였을 때 부처님에게 직접 물을 수 있다. 그렇게 하였을 때 그 답은 "나의 국토에 태어나고자 하는 이는 항상 나를 끊임없이 염하되 염하기를 쉬지 않으면 왕생한다"고 설한다. 부처님의 신상은 32상 80종호로 이루어져 광명으로 빛나며 그 색은 무너지지 않는다고 하면서 극락의 존재가 실재함을 말하고 있다. 그러나 그 삼매에 대해서는 空하다고 설한다. 그래서 염불을 하면 空三昧를 얻으며, 삼매를 알고, 삼매를 행하게 된다. 그런데 부처님을 염하는 방법으로는 有나 無로 염하지 말고 내가 서있는 것이 공한 것처럼 부처님도 공함을 염하라고 한다. 그 비유로 유리위에 있는 것으로 하고 있다. 따라서 본 경의 근본 사상은 어디까지나 반야공사상에 두고 있음을 알 수 있다. 반야 공은 연기를 기본으로 한다. 즉 일체는 연기이므로 공하다는 것이다.

그러나 이러한 삼매는 중생의 힘으로 이루어지는 것이 아니라 부처님의 힘인 佛力에 의해 이루어진다. 그리고 삼매에 드는 자는 부처님의 威神力과 부처님의 三昧力과 부처님의 本願 功德力을 가지게 되므로 부처님을 친견할 수 있다고 한다.

견불한다는 것은 내가 생각한대로 보는 것이다. 왜냐하면, 마음이 부처를 만들고, 마음이 스스로 보므로 마음이 부처이고, 여래이며, 마음이 곧 나의 몸이다.(我所念卽見 心作佛 心自見 心是佛 心是恒薩阿竭 心是我身)

마음이 부처를 보지만, 마음은 스스로 그 마음을 알지 못하며, 스스로 마음을 보지 못한다. 마음에 상(想)이 있는 것을 어리석음이라 하고, 마음에 상이 없는 것을 열반이라고 한다.(心見佛 心不自知心 心不自見心 心有想爲癡 心無想是泥洹)

이상으로 행품에 대하여 살펴보았다. 『般舟三昧經』 중에서 가장 중요한 품으로 견불을 할 수 있는 구체적인 실천 수행방법의 제시와 아미타불의 실체에 대하여 설하고 있다. 그러나 그 근본사상은 반야 공사상에 두고 있음을 알 수 있다. 그리고 부처님을 친견하였을 때의 상황과 견불해야 하는 이유에 대해서도 설하고 있다.

제3 「四事品」은 반주삼매를 빨리 얻을 수 있는 네 가지 방법에 대하여 설하고 있다. 이러한 네 가지 방법으로 먼저 수행자의 마음가짐으로

1) 四事心에 대하여 설하는데 첫 번째는 무너지지 않는 信心, 두 번째는 부단한 정진, 세 번째는 뛰어난 지혜, 네 번째는 훌륭한 스승을 말하고 있다.

2) 네 가지 수행방법인 四事修行에 대하여 설하는데 첫 번째는 3개월 동안 세간사를 생각하지 말 것, 두 번째는 3개월 동안 눕거나 출입을 하지 말 것, 세 번째는 3개월 동안 經行을 할 것, 네 번째는 바라는 것 없이 남을 위해 경전을 설할 것.

3) 남에게 권하는 네 가지 방법인 四事勸行에 대하여 설하고 있다. 첫 번째는 사람들을 모아서 부처님 계시는 곳으로 나아가도록 권할 것, 두 번째는 사람들로 하여금 경전을 듣도록 권할 것, 세 번째는 질투를 하지 말 것, 네 번째는 사람들로 하여금 불법을 배우도록 권할 것.

4) 네 가지의 행인 四事行에 대하여 설하고 있다. 첫 번째는 불상을 조성하거나 그려서 삼매에 들 수 있는 방법으로 사용할 것, 두 번째는 삼매에서 見佛한 것을 다른 사람에게 그리게 할 것, 세 번째는 교만한 사람들을 불도에 들게 할 것, 네 번째는 항상 불법을 외호 할 것 등의 네 가지 종류의 四事를 설하고 있다. 그리고 歎四事法偈를 읊고 있다.

① 常行三月頌, ② 不貪供養頌, ③ 佛者金光頌, ④ 諸佛供養頌, ⑤ 供養鼓樂頌, ⑥ 金光佛像頌, ⑦ 清潔高行頌, ⑧ 常行慈悲頌, ⑨ 如佛善師頌, ⑩ 堅持經法頌 등이다.

다음으로 스승에 대한 도리를 6가지로 설하고 있다.

1) 慈心으로 항상 스승을 기쁘게 하라.
2) 스승 모시기를 부처님 같이 하라.
3) 구족하게 섬겨라.

4) 스승을 공경하라.

5) 스승에게 화를 내지 말라.

6) 스승의 허물을 보지 말라.

고 하면서 스승 보기를 부처님 같이 하지 않으면 삼매를 얻기 어렵다고 하고 있다.

그러면서 現在諸佛悉在前立三昧를 얻기 위해서는 6具足을 갖추어야 한다고 설한다. 즉 보시, 지계, 인욕, 정진, 一心智慧, 度脫智慧라고 하면서 부처님의 친견은 형상으로 보지 않고 十種力만으로 본다고 한다. 그런데 여기서 말하는 十種力에 대한 구체적인 설명은 제12 十八不共十種力品에서 설하고 있다. 즉

1) 無限有限을 모두 아는 것.

2) 三世의 본말을 모두 아는 것.

3) 해탈선정의 청정함을 모두 아는 것.

4) 근기가 각각 다름을 모두 아는 것.

5) 각자가 믿는 것을 모두 아는 것.

6) 미세한 변화까지도 모두 아는 것.

7) 깨달아 요달함을 모두 아는 것.

8) 눈으로 보는 것에 대하여 걸림없이 모두 아는 것.

9) 無始無終을 모두 아는 것.

10) 삼세가 평등하므로 집착함이 없는 것.

제4 「譬喩品」은 반주삼매의 공덕에 대하여 4가지의 비유로서 설하고 있다.

첫째는 보물선의 파산에 대한 비유이다. 즉 반주삼매를 얻은 후 계속하여 정진하지 않으면 보배를 가득 실은 배가 목적지에 도달하기 전에 파산당하는 것과 같다고 한다. 삼매경을 듣고도 사경하지 않고, 배우지 않고, 독송하지 않고, 호지하지 않고, 수지하지 않으면 삼매를 잃게 되며, 어리석음을 되풀이하여 스스로 高慢하여 삼매를 즐거이 배우지 않게 된다. 그러므로 반주삼매를 성취하였더라도 계속하여 정진하지 않으면 다시 수포로 돌아갈 수 있음을 나타내고 있다. 이는 한번 깨달음을 얻었다고 하여 계속하여 정진하지 않으면 그 깨달음이 다시 미혹에 떨어질 수 있음을 말하고 있다. 그러므로 깨달음 이후의 保任이 중요함을 설하는 禪佛敎의 가르침과도 일맥상통하고 있다.

둘째는 전단향의 진가에 대한 비유이다. 즉 어리석은 사람에게 귀중한 전단향을 주더라도 그 진가를 모르는 것과도 같다. 그 사람은 이것을 받으려고도 하지 않을 뿐만 아니라 오히려 이를 버리려고 한다. 그들은 계를 지니지 않는 사람이며, 어리석고 무지한 사람이다. 그들은 이 삼매경을 듣고도 기뻐하지 않으며, 믿지도 않으므로 삼매에 들지 못한다. 심지어 그들은 이 삼매경은 부처님의 親說이 아니라 僞說이라고 주장한다.

셋째는 마니주와 소의 비유이다. 장사하는 사람이 귀한 마니주를 농사짓는 사람에게 주니 소 한 마리 가치 정도로만 생각한다는 비유이다. 이는 어리석기 때문인데 이들은 전생에 부처님 전에 공양하지 않은 자이며, 공덕을 짓지 않은 자이며,

자신이 잘난 체하는 자이며, 비방과 질투를 하는 자 이며, 재물과 이익을 탐하는 자이며, 오직 명예만을 구는 자이며, 시끄럽게 떠드는 자이며, 선지식을 만나지 못하는 자이며, 경에 대하여 밝지 못한 자이며, 삼매를 듣고도 믿지 않는 자이며, 즐거워하지도 않는 자이며, 삼매 중에 들지도 못하는 자라고 한다. 그러면서 이 경은 부처님의 親說이 아니고 僞說이라고 한다.

　넷째는 미진수의 비유이다. 삼매의 공덕은 한 국토를 부수어 미진수의 티끌로 만들고 또 미진수 만큼 많은 티끌의 국토에 진보를 가득 채워서 보시하는 것보다도 더 많다. 이는 삼매를 듣고, 사경하고, 배우고, 독송하고, 지니며, 다른 사람에게 설하는 공덕에 대한 비유이다.

　이 경을 듣고도 믿지 않는 자에 대해서는 3가지로 규정하고 있다. 첫째는 원수 같은 자로서 이들은 미혹하여 잘난 체 하여 믿지 않으며, 악지식을 섬겨서 듣고도 믿지 않으며, 즐거워하지도 않는 사람들을 두고 말한다. 둘째는 불법을 파괴하는 자로서 계를 지키지 않으면서 자만에 차 있어 다른 사람들이 그 사람의 잘못된 말을 듣고 그것을 믿기 때문이다. 셋째는 부처님을 비방하는 자로서 이 삼매경은 부처님의 親說이 아니라고 하기 때문이다.

　이상에서 언급한 바와 같이 4가지의 비유 중에서 2가지는 이 반주삼매경이 부처님의 친설이 아닌 위설임을 말하면서 믿지 않는다고 한다. 그러므로 이러한 언급은 이 경이 처음 결집

될 초기부터 제기 되었던 문제점이라고 볼 수 있다. 그러므로 뒤에서 언급하는 부처님의 재세 40년 동안 유행하다가 500년이 지난 뒤 100년 사이에 다시 세상에 출현하였다고 하는 설과도 상관이 있다. 즉, 이 시기는 기원전 100여년인 대승 초기라고 할 수 있으며, 이 경의 성립도 이 시기임을 은연중에 나타내고 있다. 따라서 당시의 불교인들 사이에 제기 될 수 있는 僞經說을 미리 차단하기 위하여 僞說이 아니라고 거듭 설하고 있다.

끝으로 三昧譬喩偈를 읊고 있다.

(1) 聞法殊勝頌, (2) 講奉三昧頌, (3) 珍寶布施頌, (4) 四句功德頌, (5) 講說功德頌, (6) 講說一偈頌, (7) 三昧一偈頌, (8) 諸佛供養頌, (9) 三昧功德頌, (10) 不疑三昧頌, (11) 讚三昧者頌, (12) 解脫六道頌, (13) 無畏三昧頌, (14) 聞習三昧頌, (15) 佛道智海頌, (16) 種性等覺頌 등이다.

제5 無着品은 『般舟三昧經』 中卷으로서 부처님을 빨리 친견하기 위해서는 모든 집착을 버릴 때만이 가능하다고 한다. 특히 친견한 부처님에 대해서도 집착을 놓아야 한다. 제불을 친견하려면 알음알이를 놓아야 한다. 알음알이로서 제불의 頂上까지 친견할 수 있는 자는 없다. 이와 같이 하기 위해서는 첫째, 구족하게 생각을 지으면 佛身과 身相과 지계삼매를 체득하며, 마음을 따라 얻으며, 몸을 따라 얻게 된다고 한다. 그러나 다음에는 이와 반대되는 논리를 전개하고 있다. 이는 바로 집착을 우려했기 때문이다.

　둘째, 다시 생각을 지으면, 이는 마음이나 몸을 써서 얻는 것이 아니며, 한 마음을 쓰지 않고도 얻으며, 몸을 쓰지 않고도 얻게 된다. 왜냐하면 부처는 마음이나 형상이 없기 때문이다. 또한 부처는 색신과 고통과 생각과 生死를 다했기 때문이라고 한다.

　셋째, 부처를 얻는 법에 대해서는 "몸으로서도 얻으려고 말 것 이며, 지혜로서도 얻으려고 말 것 이며, 얻을 것도 없고, 볼 것도 없다. 有와 無에도 두지 말고, 양극에도 없으며, 그 가운데도 없다."라고 한다. 그러면서 제법의 성격 규정에 대해서는 "제법은 空하며, 열반과 같으며, 부서지지도 않고, 썩지도 않으며, 견고하지도 않으며, 중간에 있는 것도 아니며, 양 끝에도 있지 않으며, 생각이 있는 것도 아니며, 동요하는 것도 아니다."라고 한다.

　넷째, 부처님을 친견함에 있어서는 무엇보다도 먼저 마음의 집착을 없애야 한다. 그 이유로는 본래 무너지고, 본래 끊어졌기 때문이며, 이를 집착하는 것은 달구어진 쇳덩어리를 손으로 만지는 것과 같이 어리석은 일이다. 왜냐하면, 색이나 고통이나 생각이나 생사나 알음알이에 집착을 말아야 하기 때문이다. 부처를 친견하려면, 공덕을 念하고 대승법을 구하되 집착을 말아야 빨리 부처를 본다고 한다.

　즉 이 품은 부처님을 친견하되 집착을 해서는 안된다는 내용으로 철저히 공사상에 입각하여 설하고 있다. 친견하려고 하는 마음이나 친견한 마음에 집착해서 매달려서는 안된다는 뜻이다. 그리고 게송에서는 고요한 삼매(寂三昧)와 청정한 삼매(淨三昧)와 빈삼매(空三昧)인 세 가지의 삼매를 설하고 있다.

끝으로 無着三昧偈를 읊고 있다.

(1) 放逸迷荒頌, (2) 不解法空頌, (3) 有想菩薩頌, (4) 觀察佛道頌, (5) 無着人物頌, (6) 從心得道頌, (7) 絶姪脫心頌, (8) 無得行求頌, (9) 無想作聞頌, (10) 空觀諸佛頌, (11) 思惟三昧頌, (12) 無着三昧頌, (13) 覩佛不見頌, (14) 坐聽化法頌, (15) 見佛樂道頌, (16) 解了三昧頌, (17) 嘆講三昧頌, (18) 示寂三昧頌, (19) 講受三昧頌, (20) 行淨三昧頌, (21) 淨寂三昧頌, (22) 解空三昧頌 등이다.

제6 四輩品은 비구 비구니 우바새 우바이 등의 사부중이 반주삼매를 배우고 지니고 행하기 위해서는 계율을 잘 지켜야 한다는 내용이다. 즉 반주삼매를 닦기 위한 學, 持, 行에 관한 가르침이다. 그런데 여기서 말하는 戒란 오계나 십계 등의 계율뿐만 아니라 일반적인 규범도 포함되어 있다.

첫째, 비구는 청정한 계를 지키고 털끝만큼이라도 어겨서는 안된다고 하면서 그 방법에 대하여 설하고 있다.

1) 일체의 금법을 지킬 것.
2) 아부를 멀리할 것.
3) 내생의 色身을 구하지 말 것.
4) 애욕을 멀리할 것.

5) 아첨하는 계를 가지지 말 것.
  6) 智者를 위해 칭찬할 것.
  7) 좋은 스승을 계승할 것.
  8) 스승을 공경할 것.

라고 하면서 아첨에 대하여 강조 하고 있다. 특히 아첨하지 않는 것에 대하여 구체적으로 설하고 있다. 즉 신명을 아끼지 않으며, 구하는 바를 바라지 말며, 항상 걸식하고, 별청을 받지 않으며, 질투하지 않고, 스스로 절도를 지키며, 여법에 머무르고, 만족할 줄 알고, 경행하고, 게으름을 피우지 말고, 눕거나 출입을 삼가야 한다고 설한다.

그리고 게으른 자를 위해서는 목숨을 아끼지 말고, 세간 사람들이 얻는 바를 바라지 말며, 칭찬에 기뻐하지도 말며, 발우와 의복과 침구를 탐내지 말고, 애모하지 말며, 욕심이 없으며, 게으르지 말고 항상 정진하라고 한다. 이어서 比丘三昧偈를 읊고 있다.

① 獨處悉學頌, ② 不請乞食頌, ③ 不求供養頌, ④ 佛子三昧頌, ⑤ 離惡知識頌, ⑥ 比丘三昧頌 등이다.

둘째, 비구니가 대승법에 듦을 구하여 삼매를 배우고 지키고자 하면,

  1) 겸손히 공경할 것. 2) 질투하지 말 것. 3) 성내지 말 것. 4) 교만하지 말 것. 5) 스스로 귀하게 생각하지 말 것. 6) 게으르지 말 것. 7) 잠을 멀리 할 것. 8) 눕거나 출입을 삼가할 것. 9) 재물이나 이익을 버릴 것. 10) 모든 것을 정결하게 호

지 할 것. 11) 신명을 아끼지 말 것. 12) 경을 좋아 할 것. 13) 경을 많이 배울 것. 14) 번뇌의 그물에서 벗어 날 것. 15) 좋은 의복과 장신구로 치장하지 말 것. 16) 나쁜 말을 하지 말 것. 17) 좋은 발우와 의복을 탐하지 말 것. 18) 칭찬 받기 위해 아첨하지 말 것. 19) 선지식을 공경할 것. 20) 삼매를 지킬 것 등을 설하고 있다. 이어서 說比丘尼偈를 읊고 있다.

① 行心得尼頌, ② 却睡精進頌, ③ 無貪婬瞋頌, ④ 至誠不飾頌, ⑤ 恭敬善師頌, ⑥ 人聞三昧頌 등이다.

셋째, 재가보살이 집에서 도를 수행하기 위하여 이 삼매를 듣고 나서 배우고 지키려고 하면,

1) 오계를 견고히 지킬 것. 2) 오계를 정결하게 유지 할 것. 3) 술을 마시지 말 것. 4) 술을 남에게 권하지 말 것. 5) 여인과 정을 통하지 말 것. 6) 남에게 권하지도 말 것. 7) 처자에게 애정을 가지지 말 것. 8) 남녀를 생각하지 말 것. 9) 재산을 생각하지 말 것. 10) 항상 처자를 멀리 하여 행을 사문과 같이 할 것. 11) 절에서 팔관재계를 행할 것. 12) 무주상 보시를 행할 것. 13) 복을 만민을 위해 사용할 것. 14) 선지식을 크게 받들 것. 15) 계를 지키는 비구를 가볍게 여기지 말 것. 16) 그를 나쁘게 말하지 말 것 등을 설하고 있다. 그리고 白衣菩薩偈를 읊고 있다.

①居家菩薩頌, ②樂作沙門頌, ③,齋時佛寺頌, ④,心無所榮頌, ⑤,捨慳妬意頌, ⑥,奉事比丘頌 등 이다.

넷째, 우바이가 대승을 성취하기 위해 이 삼매를 듣고 나서

배우고 지키려고 하면,

1) 오계를 지닐 것. 2) 삼보에 귀의할 것. 3) 외도를 섬기지 말 것. 4) 하늘에 예배하지 말 것. 5) 좋은 날을 가리지 말 것. 6) 희롱삼아 말하지 말 것. 7) 자만하지 말 것. 8) 탐심을 내지 말 것. 9) 보시하는 마음을 낼 것. 10) 즐거운 마음으로 경을 들으려고 할 것. 11) 있는 힘을 다하여 배우고 물을 것. 12) 선지식을 공경할 것. 13) 싫어하거나 게으름을 피우지 말 것. 14) 스님들께 공양할 것 등을 설하고 있다. 그리고 說優婆夷偈를 읊고 있다.

① 五戒完具頌, ② 尊敬三寶頌, ③ 見人立迎頌, ④ 受持五戒頌, ⑤ 無說人短頌, ⑥ 恭敬出家頌 등 이다.

이러한 것은 반주삼매를 배우고, 지키며, 행하는 도리라고 한다. 여기서 비구 비구니 우바새 우바이 등의 사부대중이 하는 일은 비슷하게 보이기도 하지만 자세히 분석해 보면 차이가 있음을 알 수 있다.

제7 授決品은 발타화보살, 나트나카라보살, 마하수살화보살, 교일도보살, 나라다트보살, 산드히보살, 인드라타보살, 화륜조보살 등 8대 보살과 비구, 비구니, 우바새, 우바이 등을 비롯한 오백 대중이 이 반주삼매법을 호지하겠다고 서원하자 그들에게 수기를 주시는 내용이다.

이 경전은 부처님께서 열반하신 후 40년 동안은 사바세계에 존재하지만 그 후에는 자취를 감추었다가 불법이 단절되려고 할 때나 세간이 문란해질 때 혹은 난세로 전쟁이 계속될 때 나타난다고 한다. 특히 부처님의 입적 이후 40년 동안은 세간에 머문다고 한 것에 대해서는 여러 가지로 해석 될 수 있다. 즉 불멸 40년은 부처님의 직계제자들의 생존시이므로 이시기를 根本佛敎時代라고 한다. 그러므로 이 반주삼매경은 근본불교의 설이라고 함을 나타내고 있다. 그러나 근본불교시대가 지난 후에는 자취를 감추었다가 正法時代가 지난 500년 이후 세상에 출현한다고 하므로 像法時代의 편집임을 간접적으로 표현하고 있다. 그렇지만 어디까지나 根本佛說에 어긋나지 않음을 간접적으로 시사하고 있다.

부처님께서 광명으로 상서로움을 보이자 아란존자가 讚佛하는데 이는 다른 경전과 비슷하다. 아란존자는 6게송으로 찬탄하고 있다. 즉 智慧讚嘆, 光明讚嘆, 音聲讚嘆, 授記讚嘆, 修行讚嘆, 法階勝者讚嘆 등으로 이루어져 있다. 여기에 대해 부처님은 8보살과 500 대중에게 수기를 주면서 讚嘆授記偈 47게송으로 노래하고 있다.

(1) 五百大衆頌, (2) 諸佛讚嘆頌, (3) 奉經誓願頌, (4) 咐囑諸佛頌, (5) 前生修行頌, (6) 大道引導頌, (7) 三轉法行頌, (8) 舍利供養頌, (9) 命終生天頌, (10) 名家還生頌, (11) 身受奉行頌, (12) 外道降伏頌, (13) 受持講說頌, (14) 讚八菩薩頌, (15) 宣揚方等頌, (16) 奉持方等頌, (17) 知解空慧頌, (18) 佛道成就頌, (19) 無量福德頌, (20) 親見彌勒頌, (21) 證無生忍頌, (22) 奉持經法頌, (23) 奉三世佛頌, (24) 就尊佛道頌, (25) 現世成道

頌, (26) 諸佛親見頌, (27) 無量正法頌, (28) 受持名號頌, (29) 諸佛供養頌, (30) 諸佛恭敬頌, (31) 無量智行頌, (32) 面見諸佛頌, (33) 得道讀經頌, (34) 無疑愛樂頌, (35) 離睡修道頌, (36) 知足乞食頌, (37) 不受別請頌, (38) 不貪受持頌, (39) 行無所着頌, (40) 居家慚愧頌, (41) 得無生忍頌, (42) 誡比丘尼頌, (43) 不惜身命頌, (44) 不生阿諂頌, (45) 不生惡口頌, (46) 不貪四物頌, (47) 一心信樂頌이라고 이름을 붙여 보았다. 이와 같이 47송으로 수기를 부촉하였다고 볼 수 있다.

제8 擁護品은 8보살이 오백대중을 위하여 겁파육의 비단옷 오백 벌을 보시하면서 전개 된다. 이들은 정법을 지니는 사람들이기 때문에 가르침에 따라 환희하면서 4가지 마음을 가진다. 즉 四心이란 즐거운 마음(歡樂心), 때를 따르는 마음(隨時心), 청정한 마음(淸淨心), 욕심을 버리는 마음(却欲心) 등을 말한다.

그리고 속히 삼매를 얻는 법에 대해서도 四事行을 설하고 있다. 즉 첫째, 외도를 믿지 않는 것(不信餘道). 둘째, 애욕을 끊는 것(斷愛欲). 셋째, 행을 여법히 하는 것(如法行). 넷째, 다음 생을 탐하지 않는 것(無所貪生) 등을 말하고 있다. 이렇게 하였을 때 반주삼매를 빨리 얻을 수 있다. 그리고 반주삼매를 受持讀誦하는 사람은 오백 가지의 공덕이 있는데 이에 대하여 세 부분으로 나누어 설명하고 있다.

1) 자심이 있는 ①비구는 끝내 독이 해치지 못하고, ②병사

가 해치지 못하고, ③불이 태우지 못하고, ④물에 빠지더라도 죽지 않으며, ⑤제왕도 해치지 못한다.

2) ①눈병이 나지 않으며, ②귀 코 입 몸에 병이 없으며, ③마음에도 근심이 없으며, ④액난도 없으며, ⑤임종 시에도 걱정이 없다. 그러나 숙세에 지은 업은 예외라고 한다.

3) 하늘, 용, 야차, 아수라, 가루라귀신, 긴나라구신, 마후라가귀신, 사람인 듯하나 사람 아닌 것, 제불 등이 이 보살을 칭찬한다.

이들은 삼매를 지니는 사람을 칭찬하고, 옹호하며, 경애하고, 또 삼매를 지니는 사람은 하늘 대중이 되고, 제불로 부터 삼매 중에 경을 듣지 못하면 꿈속에서라도 듣게 된다.

그리고 삼매를 지니는 사람을 찬탄하는 讚嘆三昧偈를 읊고 있다.

(1) 三昧寂靜頌, (2) 國王喜悅頌, (3) 除毒瞋恚頌, (4) 威德沈默頌, (5) 擁護猛獸頌, (6) 威神降伏頌, (7) 六根淸淨頌, (8) 識宿命通頌, (9) 諸神擁護頌, (10) 讚嘆諸佛頌, (11) 殊勝容貌頌, (12) 敎化長壽頌, (13) 勇猛降魔頌, (14) 不犯邪道頌, (15) 受持最後頌, (16) 受持擁護頌 등으로 찬탄하고 있다.

제9 羼羅耶佛品은 장자의 아들인 수달이 구도하여 제화갈라불(提和竭羅佛)로 성불하는 과정에 대하여 설하고 있다. 그는 3불을 친견하여 수행하게 되는데 첫 번째는 아승지겁전에 찬라야불(羼羅耶佛) 처소에서 반주삼매를 배웠으며, 이를 팔만세

동안 수행하였다. 두 번째는 오랜 겁 전에 술사파제불(術闍波提佛) 처소에서 삼매를 구하였다. 세 번째는 오랜 겁 전에 뇌비라야불(賴毘羅耶佛) 처소에서 반주삼매를 배워 팔만사천세 동안 수행하였다. 그리고 팔만겁이 지난 후에 제화갈라불(提和竭羅佛)로 성불하였다고 한다. 그러므로 반주삼매를 닦아서 성불할 수 있음을 증명하고 있다. 이러한 반주삼매의 공덕을 얻기 위해서는 배우고 외우고 지니며 가르치고 지켜야 한다고 설하고 있다.

그리고 반주삼매는 보살의 눈이며, 어머니이며, 우러러 귀의할 곳이며, 출생하는 곳이며, 어둠을 없애고, 세상을 밝히고, 부처님의 寶庫이며, 부처님의 땅이며, 바다의 샘이며, 무량공덕의 城이며, 명철한 이익을 얻는 經이라고 하여 11가지의 공덕을 찬탄하고 있다. 이를 위해서는 四意止인 四念處를 수행하여야 한다. 이는 身受心法를 말하는데 견불을 하되 집착을 버리고 무심의 경지에서 부처를 볼 것을 강조하고 있다.

이러한 반주삼매를 완전히 믿을 수 있는 이는 부처나 아라한만이 가능하다고 한다. 왜냐하면 부처를 염하되 집착함이 없어야 하며, 부처를 친견하되 인연한 바가 없음을 알아야 하며, 경을 듣되 본래 空한 바를 알아야 한다. 無想心으로 見佛하고, 염불해야 하며, 念法은 하되 法執은 말아야 한다.

그리고 삼매자가 경계해야 할 도리를 말하고 있다. 즉,

깨달음을 지키면 부처를 친견하지 못하고,

집착하면 법을 얻지 못하며,

베풂에 바람이 있으면 베풂이 되지 못하고,
계를 지킴에 바람이 있으면 부정함이 되며,
법을 탐하면 열반을 얻지 못하고,
경에 아첨하면 고명하지 못하며,
다른 도에서 기뻐하면 한 가지도 못 얻고,
탐욕 중에서는 念佛하기 어려우며,
성냄이 있으면 인욕하지 못하고,
미워하는 바가 있으면 남에게 착함을 설하지 못하며,
아라한도를 구하는 자는 반주삼매를 얻지 못하고,
온 바가 없이 머무르면 法樂 가운데 있으며,
집착함이 있으면 空을 얻지 못하고,
보살은 끝내 간탐하지 않으며,
해태심이 있으면 도를 얻지 못하고,
음욕과 질투가 있으면 觀에 들지 못하며,
念하는 바가 있으면 삼매에 들지 못한다.
그리고 반주삼매를 수지하는 <受持三昧偈>를 읊고 있다.
① 無量功德頌, ② 功德月明頌, ③ 諸天護德頌, ④ 面見諸佛頌, ⑤ 哀愍諸佛頌, ⑥ 諷誦三昧頌, ⑦ 逮得人身頌, ⑧ 末後第一頌 등으로 노래하고 있다.

제10 請佛品은 『般舟三昧經』의 下卷으로 발타화보살이 부처님과 사부대중을 자신의 집에 초청하여 공양을 드리면서 이루어진 말씀이다. 여기서 대단히 흥미 있는 것은 재가자가 부처님을 초청하여 공양을 올리는 모습이 생생하게 남아 있는 점이다.

　발타화보살은 부처님과 비구, 비구니, 우바새, 우바이, 가난한 사람, 날짐승, 벌레 등에 이르기까지 공양할 음식을 준비하였다. 그리고 부처님 처소에 가서 정중하게 초청하였다. 이러한 공양청을 허락하신 부처님은 대중들과 함께 나열지국에 있는 발타화보살의 집으로 가셨다. 한편 발타화보살은 다른 7보살들과 종친들에게 음식준비를 부탁하였으며, 집안의 청소도 깨끗이 하였다. 부처님이 가시는 나열지국은 부처님을 맞이할 준비를 장엄하게 하였다. 그리고 거리에는 그림과 번, 꽃, 향 등으로 장엄하였으며, 음식은 백 가지를 준비하였다.

　또한 부처님의 위신력으로 발타화보살의 집을 넓히고 유리로 장식하고, 밖에서도 모두 볼 수 있게 하여 직접 참여하지 못한 사람들도 부처님과 대중이 공양하는 장면을 훤히 볼 수 있게 하였다. 모든 대중이 공양을 마친 후 발타화보살은 부처님께 설법을 청하였으며, 삼매경을 설하신 후 부처님은 처소로 가셨다.

　모든 집안을 정리한 발타화보살 일행은 다시 부처님 처소에 가서 법문을 청하였다. 이 때 現在佛悉在前立三昧를 얻는 다섯 가지에 대하여 설하고 있다. 五事에는 두 가지로 설하는데 첫째는 ① 깊이 경을 좋아하기를 끝이 없어야 하며, ② 다음에 태어날 곳을 바라지 말아야 하며, ③ 다른 가르침을 기뻐하고 즐거워하지 말아야 하며, ④ 애욕을 즐기지 말아야 하며, ⑤

스스로 행을 지키되 다함이 없어야 한다.

둘째는 ① 보시를 하되 후회하는 마음이 없어야 하며, ②,경을 수지하고 보시하되 의심이나 애착이나 애석함이 없어야 하며, ③ 질투하거나 의심하지 말고 잠을 멀리하고 오욕을 물리쳐야 하며, ④ 삼매를 스스로 배우고, 남에게 가르치고 경을 비단에 寫書하여 오래 보존해야 하며, ⑤ 믿음에 있어 많이 즐거워해야 한다.

그리고 삼매를 빨리 얻는 방법에 대하여 설한 速得三昧偈를 정리하면 다음과 같다.

① 無着五道頌, ② 無想布施頌, ③ 歡踊布施頌, ④ 四無量心頌, ⑤ 除慳貪心頌, ⑥ 講說道德頌, ⑦ 說經永存頌, ⑧ 不秘經法頌, ⑨ 不起我想頌, ⑩ 速不起忍頌, ⑪ 愛樂法者頌, ⑫ 奉寂三昧頌 등을 노래하고 있다.

다음에는 삼매를 지키는 방법인 守是三昧法에 대하여 3가지로 설하고 있다. 즉

① 色에 대하여 집착하지 말며, ② 내세에 태어날 곳에 대하여 집착하지 말며, ③ 반드시 空을 행하라고 한다.

그리고 이를 따르기 위한 법을 설하고 있다(隨是法行). 즉 ① 자신의 몸을 관하되, ② 몸도 없고, ③ 관할 바도 없으며, ④ 볼 바도 없으며, ⑤ 집착할 바도 없으며, ⑥ 본래 보이지 않는 것이 없으며, ⑦ 들리지 않는 것이 없으며, ⑧ 경중에 있는 법과 같이 보되, ⑨ 볼 바도 없으며, ⑩ 집착할 바도 없으며, ⑪ 의심할 바도 없다고 한다.

이어서 의심하지 않는 사람은 부처를 친견하게 되며, 한편으로는 부처를 친견하게 되면 의심이 끊어지게 된다고 하여 확실한 믿음으로 부처를 친견할 수 있음을 강조하고 있다(不疑者爲見佛 見佛者爲疑斷). 의심을 하게 되면 집착하게 된다고 하면서 이러한 사람은 7가지에 집착하게 된다. 즉 ① 수명이 있음에 집착하고, ② 덕이 있음에 집착하며, ③ 오음이 있음에 집착하고, ④ 대상이 있음에 집착하고, ⑤ 생각이 있음에 집착하고, ⑥ 육근이 있음에 집착하며, ⑦ 욕망이 있다고 집착하게 된다.

그러나 보살은 제법을 보는 것에 집착함이 없고 그 법 역시 염하지도 보지도 않는다(不念不見). 그런데 여기서 보지 않는다 라고 하는 것은 어리석은 사람이 몸의 실체가 있는 것으로 보는 것과 같으나 보살은 이와 같이 보지 않으므로 보지 않는다고 한다.

그렇지만 본다 라고 하는 것은 부처님과 아유월지와 벽지불이나 아라한들은 보지만 기뻐하거나 근심하지 않는다고 한다. 부처를 친견하는 것은 허공과 같이 보며, 밝은 구슬을 유리 위에 두는 것과 같이 보며, 해가 처음 돋을 때와 같이 보며, 보름달이 뭇 별 속에 있는 것과 같이 보며, 왕을 신하들이 따르는 것과 같이 보며, 높은 산봉우리에서 큰 불이 타는 것과 같이 보며, 醫王이 사람을 치유하는 것과 같이 보며, 홀로 있는 사자처럼 보며, 기러기가 허공을 날아가면서 인도하는 것과 같이 보며, 높은 산꼭대기에 쌓인 눈과 같이 보며, 금강산과 같이 보며, 땅을 의지하여 흐르는 물과 같이 보며, 물을 의지 하는 바람과 같이 본다고 한다.

그리고 시방의 부처님을 친견하는 노래(見十方佛偈)를 읊고 있다.

① 神通妙音頌, ② 求得三昧頌, ③ 不着空法頌, ④ 不着空相頌, ⑤ 觀佛淸淨頌, ⑥ 供養世尊頌, ⑦ 速得定意頌, ⑧ 念佛功德頌, ⑨ 心無所着頌, ⑩ 聞寂三昧頌, ⑪ 咐囑四輩頌

이상으로 부처님께서는 발타화보살의 공양 초청에 응하신 뒤 정사로 돌아오셔서 설하신 내용이다.

제11 無想品은 보살이 삼매를 빨리 얻기 위해서는 色과 생각[思想]을 끊고 교만한 마음을 버려야 한다. 그러면 삼매를 배움에 다투지 않고 空을 비방하지 않게 되며 마침내 삼매를 念誦하게 된다.

삼매를 배우고 염송하기 위해서는 열 가지를 행해야 한다(學誦三昧十事).

첫째는 다른 사람이 보시함에 있어서 질투하지 말라.

둘째는 아랫사람을 사랑하고 윗사람에게 효순하라.

셋째는 보은을 생각하라.

넷째는 거짓말을 하지 말라.

다섯째는 걸식을 행하되 별청을 받지 말라.

여섯째는 정진과 경행을 하라.

일곱째는 잠을 삼가고 눕거나 출입하지 말라.

여덟째는 보시하되 후회하거나 아까워하지 말라.

아홉째는 깊은 지혜에 들어가 집착하지 말라.

열째는 선지식을 부처님처럼 섬겨라.

그리고 이러한 사람은 여덟 가지를 법답게 행하게 된다(如法八事)고 한다. 즉

첫째는 계행이 청정하여 구경에 이르게 된다.

둘째는 餘道를 좇지 않고 지혜 속에 출입하게 된다.

셋째는 다시 태어남을 탐하지 않는다.

넷째는 생사를 바라지 않는다.

다섯째는 고명하여 집착이 없다.

여섯째는 스스로 부처의 경지에 이른다.

일곱째는 공양하더라도 함부로 기뻐하지 않는다.

여덟째는 아뇩다라삼먁삼보리에 머물러 다시는 움직이지 않는다.

위의 10사를 행한 사람은 8事를 이루게 된다고 한다. 그런 후 學誦三昧偈를 설하고 있다. ① 智者無想頌, ② 智者無諍頌, ③ 明者淨信頌, ④ 不起狐疑頌, ⑤ 心無所着頌, ⑥ 奉行經卷頌, ⑦ 德行誠信頌, ⑧ 住法具足頌, ⑨ 德行黠慧頌, ⑩ 德爲明智頌이라고 노래한다.

제12 十八不共十種力品은 무상품에서 설한 8事를 이루면 부처님의 18事를 얻게 되며, 또 반주삼매를 배우게 되면 부처님의 10力을 얻게 된다고 설한다.

여기서 18事란 18不共으로서 다음과 같다.
첫째는 부처는 성불하여 열반에 들 때까지 고난이 없다.
둘째는 허물이 없다.
셋째는 잊어버림이 없다.
넷째는 마음이 고요하지 않을 때가 없다.
다섯째는 결코 法想을 내어 나(我所)라고 말하지 않는다.
여섯째는 인욕하지 않을 때가 없다.
일곱째는 즐겁지 않을 때가 없다.
여덟째는 정진하지 않을 때가 없다.
아홉째는 念하지 않을 때가 없다.
열째는 삼매에 들지 않을 때가 없다.
열한 번째는 알지 못하는 때가 없다.
열두 번째는 見慧에서 벗어나지 않을 때가 없다.
열세 번째는 과거의 세간사에 대하여 부처님의 걸림없는 지혜가 멈춤이 없다.
열네 번째는 미래의 세간사에 대하여 부처님의 걸림없는 지혜가 멈춤이 없다.
열다섯 번째는 현재의 세간사에 대하여 부처님의 걸림없는 지혜가 멈춤이 없다.
열여섯 번째는 몸에 지혜가 구족해 있다.
열일곱 번째는 입에 지혜가 구족해 있다.
열여덟 번째는 마음에 지혜가 구족해 있다.
이러한 十八不共을 얻고 다시 집착함이 없이 법을 구하고 삼매를 지킨다면 열 가지 법의 보호(十法護)를 얻게 된다고 한다. 이 十法護가 바로 부처님의 열 가지 힘인 十種力이다.

첫째는 無限과 有限을 모두 안다.
둘째는 三世를 모두 안다.
셋째는 해탈한 선정의 청정함을 모두 안다.
넷째는 각기 다른 근기를 모두 안다.
다섯째는 여러 가지의 믿음을 모두 안다.
여섯째는 미세한 일도 모두 안다.
일곱째는 모두 깨닫고 요달함을 다 안다.
여덟째는 눈으로 보는 것은 걸림없이 모두 안다.
아홉째는 시작과 끝이 없음을 모두 안다.
열째는 삼세가 모두 평등하므로 집착이 없다.

라고 하면서 반주삼매를 닦아 18불공을 이루면 부처님의 열 가지 힘을 얻는다고 설한다.

제13 勸助品은 다른 사람이 반주삼매를 수행할 수 있도록 권유하고 도와준다는 내용이다. 보살은 四事를 지녀 이 삼매 중에서 기쁘게 도우며, 과거, 현재, 미래의 부처님도 삼매로서 기쁘게 도우며, 아뇩다라삼먁삼보리를 이룰 수 있도록 기쁘게 도웁는다고 한다. 여기서 四事란 앞의 四事品에서 말한 신심, 정진, 지혜, 선지식이나 혹은 佛 처소에 나가도록 권함, 경전을 듣도록 권함, 질투하지 않도록 권함, 불법을 배우도록 권함 등이다. 이러한 네 가지 일을 기쁜 마음으로 권하여 삼매를 얻도록 하고 있다.

다시 남에게 환희심으로 권할 것을 게송으로 읊은 勸助歡喜偈는 다음과 같다.

① 四事歡喜頌, ② 平等正覺頌, ③ 不息百歲頌, ④ 知佛菩薩頌, ⑤ 四事殊勝頌, ⑥ 四事勸化頌 등 이다.

제14 師子意佛品은 과거 무수겁전의 사하마제불(私訶摩提) 즉 師子意佛에게서 삼매를 듣고 수행하여 성불한 이야기를 하고 있다. 이 때 염부제에 60억의 인구를 가진 발등가(跋登加)라고 하는 큰나라에 유사금왕(惟斯芩王)이 있었다. 왕은 부처님께 진귀한 보배를 올리고 공양하였으며, 사자의불은 왕을 위해 삼매를 설하였다.

이러한 인연 공덕으로 다음 생에 왕은 범마달(梵摩達)왕자로 태어나 珍寶비구의 삼매법문을 듣고 1000명과 함께 출가하여 8천년동안 쉬지 않고 스승을 공양하면서 쉬지않고 삼매를 닦았다.

그 다음 생에는 6만8천 부처님을 친견하고 삼매를 닦고 수행한 공덕으로 저라유시체불(坻羅惟是逮佛)이 되어 교화하였다.

이와 같이 사자의불에게 반주삼매를 듣고 수행한 공덕으로 삼생 뒤에는 성불한 경우를 예로 들고 있다. 그러므로 반주삼매를 듣고 환희심을 내지 않고, 배우지 않으며, 남을 위해 설하지 않으며, 지키지 않을 자 누가 있겠는가라고 한다.

삼매를 듣기 위해서는 거리가 문제가 아니다. 거리가 사십리, 백리, 사천리라도 할지라도 마땅히 가서 배워야 하며, 또이를 배우기 위해서는 스승을 십년, 백년 동안이라도 섬겨야한다. 그리고 師子意佛偈를 설하고 있다.
① 聞佛三昧頌, ② 供師子意頌, ③ 奉行佛敎頌, ④ 珍寶比丘頌, ⑤ 供養好物頌, ⑥ 千人出家頌, ⑦ 生聞三昧頌, ⑧ 諸佛供養頌, ⑨ 見師子佛頌, ⑩ 堅精進佛頌, ⑪ 見堅勇佛頌, ⑫ 未忘佛道頌, ⑬ 一心諷誦訟, ⑭ 受持功德頌, ⑮ 奉行不遇頌 등이다.

제15 至誠佛品은 과거 무수겁전에 살차나마불(薩遮那摩佛) 즉 至誠佛이 계실 때에 지성불에게 삼매를 듣고 수행하여 성불한 이야기가 중심이다. 특히 여기서는 훌륭한 스승을 공양하고 섬기는 일에 관하여 설하고 있다. 지성불 재세시에 화륜이라고 하는 비구가 있었다. 지성불이 열반에 드신 뒤 화륜비구는 반주삼매를 지녔는데 석가모니불은 그 때 왕족으로 태어나 꿈속에서 삼매를 듣고 이를 지닌 비구를 찾다가 화륜비구를 만났다. 그래서 출가하여 36,000년 동안 스승을 섬겼으나 종종 마장이 있어서 삼매가 여일하지 못하였다. 그러나 삼매를 구하기 위해서는 지극정성으로 스승을 섬겼다.
훌륭한 스승을 섬기는 마음가짐으로는
① 훌륭한 선지식을 지켜 떠나지 말며,
② 음식 일용품 의복 침구와 천 만가지 진귀한 보배로 섬기며,
③ 스승에게 공양하되 아깝다는 생각을 말며,

④ 가진 것이 없으면 걸식을 해서라도 공양해야 하며,
⑤ 스스로 몸을 베어서라도 공양해야 하며,
⑥ 아낌없는 공양을 하여야 하며,
⑦ 종이 주인을 섬기듯이 해야 하며,
⑧ 삼매를 얻고 나서도 스승의 은혜를 생각해야 한다.
그리고 至誠三昧偈를 설하고 있다.
① 不聞三昧頌, ② 和輪比丘頌, ③ 夢中三昧頌, ④ 比丘三昧頌, ⑤ 興起魔因頌, ⑥ 受持三昧頌, ⑦ 常敬法師頌, ⑧ 供養法師頌, ⑨ 供養飮食頌, ⑩ 難得三昧頌, ⑪ 難聞三昧頌, ⑫ 敬誦功德頌 등이다.

제16 佛印品은 마지막 유통분으로 삼매를 듣는 자는 기쁜 마음으로 배워야 하며, 배우는 자는 부처님의 위신력을 지녀 배움을 얻으며, 삼매를 서사하게 되면 佛印을 얻는다고 한다.
그런데 佛印이란 무엇인가 하면,
알음알이를 행할 것이 없고,
탐착할 것이 없고,
구할 것이 없고,
생각할 것이 없고,
집착할 것이 없고,
원할 것이 없고,
태어나기를 바랄 것이 없고,
대적할 것이 없고,

생할 것이 없고,
소유할 것이 없고,
취할 것이 없고,
되돌아 볼 것이 없고,
갈 것이 없고,
장애될 것이 없고,
소유할 것이 없고,
맺을 것이 없고,
소유가 다하고,
욕망이 다하고,
비롯한 생이 없고,
멸할 것도 없고,
파괴될 것도 없고,
패할 것도 없으니,

도에 있어서 가장 중요로운 근본이 이 印 가운데 있다고 한다.

이 삼매를 설할 때 팔천 백억의 제천, 아수라, 귀신, 용, 인민이 수타항도를 얻고,
팔백의 비구가 아라한도를 얻고,
오백의 비구니가 아라한도를 얻고,
만명의 보살이 삼매를 얻었다고 설한다.

그리고 마지막으로 삼매를 듣고, 배우고, 지니기를 부촉하고 있다.

번역 후기

반주삼매경(般舟三昧經)은 현재제불실재전립삼매경(現在諸佛悉在前立三昧經) 이라고도 한다. 즉 "현재에 제불이 모두 앞에 나투시는 삼매경"이라는 의미이다. 따라서 본 경은 부처님의 모습을 친견하는 방법을 가리키고 있다. 그러므로 우리말로 "부처님을 친견하는 삼매경"이라고 붙여 보았다. 초기 대승불교에서는 부처님의 존재를 어떻게 이해할 것인가에 대하여 많은 번민을 하였다. 그 결과 새로운 붙타관이 형성되어 법신, 보신, 화신의 삼신관이 정립되었다.

여기서 부처님의 존재를 확인하는 것은 바로 자성과 불성이 둘이 아니고 하나인 경지를 확인하는 것이다. 그 방법을 염불을 통하여 부처님의 존재를 확인함으로서 자신의 믿음이 확고부동해 질 것이다. 특히 정토신앙에서는 아미타불과 극락의 존재에 대한 믿음을 중시하고 있다. 이러한 믿음 없이는 정토신앙이 형성될 수 없다. 따라서 깊은 믿음이야말로 정토신앙의 처음이자 마지막이라고도 할 수 있다. 그런데 중생들의 믿음은 견문각지(見聞覺知)에 의해서 이루어진다. 즉 보고 듣고 깨닫고 알게 된다. 그러므로 믿음의 첫 출발을 봄으로써 시작된다. 여기서는 부처님을 친견하므로 법문을 듣게 되고 이로써 진리를 깨닫게 되며, 참된 부처님의 존재를 알게 된다. 따라서 우리들이 부처님을 친견하는 것은 대단히 중요하며, 단 한 번만

이라도 친견하여 수기 받기를 원하는 것이 우리 모든 불자들의 바람이기도 하다. 이를 몽불수기(蒙佛受記)라고 한다.

　이 경은 부처님의 존재를 확인하고 극락과 아미타불을 친견함으로서 불퇴전의 신심을 가지게 되어 극락에 왕생하여 성불하게 됨을 가르치고 있다. 정토교학에서는 견불(見佛)을 선불교에서 말하는 견성(見性)과 같이 이해하고 있다. 즉 부처님의 모습을 친견하는 것과 부처님의 성품 즉 불성을 친견하는 것은 다름이 없다고 보고 있다. 우리 중생들은 외면적인 모습과 내면적인 마음이 다를 수 있으나 부처님은 모습과 마음이 다르지 않으므로 둘 중 어느 하나를 친견하면 바로 부처를 보는 것이라도 한다. 그런데 중생들은 겉으로 나타난 외면적인 모습은 쉽게 볼 수 있어도 내면적인 마음은 대단히 보기 어렵다. 따라서 본 경은 외면적인 부처님의 모습을 친견함으로서 불성과 자성의 문제를 동시에 해결하고 있다. 그러나 이들이 본래 고정불변하게 있는 것은 아니다. 모두가 공(空)한 것이 자성의 모습이며, 그러므로 연기의 도리에 어긋나지 않음을 설하고 있다.

　이와 같이 중요한 경전이 애석하게도 지금까지 우리말로 번역되지 못하여 많은 불자들이 염불, 기도, 정진을 끊임없이 하여 왔음에도 불구하고 부처님을 친견하지 못하여 방황하고, 의심하여 퇴굴심(退屈心)을 가지게 되었다. 오래전부터 한글본의 필요성은 절감하여왔으나 본인은 지혜가 천박하여 한역경을 번역할 마음을 내지 못하고 있었다. 그런데 동국대학교의 역경원에서 본 경의 역경을 의뢰하므로 더 이상 사양할 수 없어 번역에 착수 하였으나 번역과정에 있어서 여러 가지 어려움을 겪게 되었다. 특히 1권본과 3권본의 차이와 함축된 의미의 해석 등에는 많은 번민을 하였으며, 일본어 번역본에서도 정확한 의미를 파악하기가 쉽지 않았다. 그리고 32품으로 되어 있는 티벳본이 많은 참고가 되었다.

그러던 중 시간관계상 일본 불교대학에 유학하고 있는 법수스님과 법공스님에게 도움을 요청하여 일부를 번역케 하였다. 그러나 어구나 문장상의 문제점들을 더 쉽게 풀이하고 뜻을 정확하게 전달하기 위하여 대중들의 의견이 필요하게 되었다. 그래서 1997년 2학기와 1998년 1학기에는 동국대학교 대학원 선학과의 석, 박사 과정의 교재로 채택하여 의견 수렴과 주석을 붙이게 되었다. 여기서는 김호귀 박사와 이성렬 강사를 비롯한 30여명의 대학원생들이 동참하여 많은 도움을 주었다. 그러다 보니 역경원의 출판 관련 일정으로 인하여 미처 수정 보완 되지 못한 것이 이미 역경원에서 한글대장경으로 편입되고 말았다. 그러나 그 후 계속 보완하여 이제 단행본으로는 첫 출판을 하게 되었다. 이렇게 보낸 시간이 어느덧 3년 이상 걸렸으나 아직도 보완해야 할 곳이 눈에 띄고 있다.

번역에 동참해 준 여러 대중들과 선학과 대학원생들에게 감사드리며, 또 출판을 맡아주신 광진문화사 혜림(慧林) 유광옥 사장님과 직원 여러분 및 원고 교정을 담당해 수고를 아끼지 않은 김호귀 박사에게도 감사드린다. 이러한 인연공덕으로 많은 중생들이 부처님을 쉽게 친견하여 불퇴전의 불심이 용솟음 치기를 염원한다.

재판을 출간하면서

불기 2543(1999)년 우란분절

청계산 정토사 여래장에서
해동사문 무심보광(無心普光) 합장

```
┌─────┐
│인 지│
│생 략│
└─────┘
```

부처님을 친견하는 삼매경(般舟三昧經)

1998년 9월 15일 초판 인쇄
2013년 6월 6일 4판 발행

역   자 : 한보광(태식)
발행인 : 한보광(태식)
발행처 : 여래장(如來藏)
주   소 : 경기도 성남시 수정구 상적동 338번지
　　　　　 청계산 정토사
등   록 : 1999. 4. 26. 제1-20호
인쇄처 : 푼다리카(Pundarika) 02)2254-3100

보급처 : 경기도 성남시 수정구 상적동 338번지
　　　　　 청계산 정토사
전   화 : 031)723-9797,8
인터넷 주소 : http://www.jungto.or.kr

값 15,000원